自然名胜

国家自然名胜风景区

肖东发 主编 李 勇 编著

中国出版集团

现代出版社

图书在版编目（CIP）数据

自然名胜：国家自然名胜风景区 / 李勇编著. —
北京：现代出版社，2014.5（2019.1重印）
ISBN 978-7-5143-2353-5

Ⅰ. ①自… Ⅱ. ①李… Ⅲ. ①风景名胜区—介绍—中
国 Ⅳ. ①K928.7

中国版本图书馆CIP数据核字(2014)第057091号

自然名胜：国家自然名胜风景区

主　　编：肖东发
作　　者：李　勇
责任编辑：王敬一
出版发行：现代出版社
通信地址：北京市定安门外安华里504号
邮政编码：100011
电　　话：010-64267325 64245264（传真）
网　　址：www.1980xd.com
电子邮箱：xiandai@cnpitc.com.cn
印　　刷：三河市华晨印务有限公司
开　　本：710mm×1000mm　1/16
印　　张：9.75
版　　次：2015年4月第1版　　2021年3月第4次印刷
书　　号：ISBN 978-7-5143-2353-5
定　　价：29.80元

　　党的十八大报告指出："文化是民族的血脉，是人民的精神家园。全面建成小康社会，实现中华民族伟大复兴，必须推动社会主义文化大发展大繁荣，兴起社会主义文化建设新高潮，提高国家文化软实力，发挥文化引领风尚、教育人民、服务社会、推动发展的作用。"

　　我国经过改革开放的历程，推进了民族振兴、国家富强、人民幸福的中国梦，推进了伟大复兴的历史进程。文化是立国之根，实现中国梦也是我国文化实现伟大复兴的过程，并最终体现为文化的发展繁荣。习近平指出，博大精深的中国优秀传统文化是我们在世界文化激荡中站稳脚跟的根基。中华文化源远流长，积淀着中华民族最深层的精神追求，代表着中华民族独特的精神标识，为中华民族生生不息、发展壮大提供了丰厚滋养。我们要认识中华文化的独特创造、价值理念、鲜明特色，增强文化自信和价值自信。

　　如今，我们正处在改革开放攻坚和经济发展的转型时期，面对世界各国形形色色的文化现象，面对各种眼花缭乱的现代传媒，我们要坚持文化自信，古为今用、洋为中用、推陈出新，有鉴别地加以对待，有扬弃地予以继承，传承和升华中华优秀传统文化，发展中国特色社会主义文化，增强国家文化软实力。

　　浩浩历史长河，熊熊文明薪火，中华文化源远流长，滚滚黄河、滔滔长江，是最直接的源头，这两大文化浪涛经过千百年冲刷洗礼和不断交流、融合以及沉淀，最终形成了求同存异、兼收并蓄的辉煌灿烂的中华文明，也是世界上唯一绵延不绝而从没中断的古老文化，并始终充满了生机与活力。

　　中华文化曾是东方文化摇篮，也是推动世界文明不断前行的动力之一。早在500年前，中华文化的四大发明催生了欧洲文艺复兴运动和地理大发现。中国四大发明先后传到西方，对于促进西方工业社会的形成和发展，曾起到了重要作用。

　　中华文化的力量，已经深深熔铸到我们的生命力、创造力和凝聚力中，是我们民族的基因。中华民族的精神，也已深深植根于绵延数千年的优秀文化传统之中，是我们的精神家园。

　　总之，中华文化博大精深，是中国各族人民五千年来创造、传承下来的物质文明和精神文明的总和，其内容包罗万象，浩若星汉，具有很强的文化纵深，蕴含丰富宝藏。我们要实现中华文化伟大复兴，首先要站在传统文化前沿，薪火相传，一脉相承，弘扬和发展五千年来优秀的、光明的、先进的、科学的、文明的和自豪的文化现象，融合古今中外一切文化精华，构建具有中国特色的现代民族文化，向世界和未来展示中华民族的文化力量、文化价值、文化形态与文化风采。

　　为此，在有关专家指导下，我们收集整理了大量古今资料和最新研究成果，特别编撰了本套大型书系。主要包括独具特色的语言文字、浩如烟海的文化典籍、名扬世界的科技工艺、异彩纷呈的文学艺术、充满智慧的中国哲学、完备而深刻的伦理道德、古风古韵的建筑遗存、深具内涵的自然名胜、悠久传承的历史文明，还有各具特色又相互交融的地域文化和民族文化等，充分显示了中华民族的厚重文化底蕴和强大民族凝聚力，具有极强的系统性、广博性和规模性。

　　本套书系的特点是全景展现，纵横捭阖，内容采取讲故事的方式进行叙述，语言通俗，明白晓畅，图文并茂，形象直观，古风古韵，格调高雅，具有很强的可读性、欣赏性、知识性和延伸性，能够让广大读者全面接触和感受中国文化的丰富内涵，增强中华儿女民族自尊心和文化自豪感，并能很好继承和弘扬中国文化，创造未来中国特色的先进民族文化。

2014年4月18日

风景如画——东部自然名胜

山清水秀——东南自然名胜

大好河山——中部自然名胜

名山秀水——北方自然名胜

东部自然名胜

风景如画

　　我国东部地区位于东亚大陆东缘，太平洋西岸，并包括我国东部和南部的海域。这里山明水秀，山水不仅延续了生命，山水也产生了文明，推动了社会的进步和发展。

　　我国东部自然名胜风景区主要有南京钟山、江西井冈山、缙云仙都和浙江雪窦山等处，这些自然名胜风景如画，美丽无限，具有深刻内涵。

金陵毓秀——钟山

　　钟山风景名胜区位于江苏省南京市，以钟山和玄武湖为中心。

　　钟山风景名胜区蜿蜒起伏，宛如游龙，包括紫金山、明代城垣、玄武湖，山、湖的连接地带以及环湖的富贵山、覆舟山和鸡笼山等若

钟山玄武湖景观

■钟山一景

干低丘和城垣、城堡。

　　其特点是山光与水色齐收，山、水、城、林融为一体，相得益彰。自钟山远眺，玄武湖五洲烟柳，十里春风，燕雀湖波光墙影，紫霞湖林海明珠，尽收眼底，使人心旷神怡。富贵山、覆舟山和鸡笼山秀峰塔影，林木葱郁。

　　自然生成的山林野趣，加上匠心独运的精美建筑，使得钟山风景区成为自然美与人文美紧密结合的上乘佳作。

　　钟山位于六朝古都南京的东郊，是南京地区群山之首。古称金陵山，战国时楚国在此建金陵邑，即由此山得名。汉代开始称钟山，东晋时开始称紫金山，因山有紫色页岩，远望山顶，紫云缭绕，气象万千。

　　钟山三峰相连形如巨龙，山、水、城浑然一体，雄伟壮丽，气势磅礴，古有"钟山龙蟠，石城虎踞"之称。

　　钟山，在南京既是一座城中的山，又是一座城中之城。集寻古探幽、观光休闲于一体。人们常将钟山比作龙头，其尾拖至镇江而入

■ 钟山一景

麒麟 亦作"骐麟",简称其为"麟",它的外形像鹿,头上独角,全身有鳞甲,尾像牛尾。它是我国古籍中记载的一种动物,与凤、龟、龙共称为"四灵",是神的坐骑,古人把麒麟当作仁兽、瑞兽。雄性称麒,雌性称麟。麒麟是吉祥神兽,主太平、长寿。

海,称宁镇山脉是一条巨龙,从东海入江,故曰"神龙见首不见尾"。

钟山上的树,与城内的树就大不一样,钟山上的树值得南京人骄傲,春天的梅花、秋天的枫叶和桂花、常绿的松柏、土生土长的榆槐、舶来的石楠,都是南京人常挂在嘴边的树木,钟山周围因有气候水土等优越的条件,形成了一片天然茂盛的森林。

钟山地处北温带和亚热带的交接之地,为南北植物引种过渡地带,这里植物品种丰富,林木繁茂。

钟山是江苏南部茅山山脉的余脉,宁镇山脉的最高峰。山势整体呈弧形,中部向北凸出;东段向东南方向延伸,止于马群、麒麟门一带;西段走向西,经太平门附近入城,隆起为富贵山、覆舟山和鸡笼山。山势蜿蜒逶迤,形如莽莽巨龙,故称"钟山龙蟠"。

钟山有3座山峰,呈笔架形。主峰居中偏北叫北高峰，为宁镇山脉之最高峰；其东南第二峰为小茅山；第三峰居西称天堡山。环山溪流交汇，湖泊众多，北麓的玄武湖、山南的紫霞湖、燕雀湖、琵琶湖等尤负盛名。

自六朝第一位帝王东吴孙权开始，钟山即成为帝王陵寝及功臣勋戚的葬地所在。自六朝伊始，钟山又是江东佛教圣地。自六朝至近现代，钟山均为军事要冲，兵家必争之地。

钟山人文景观众多，历代风物荟萃，多处名胜史迹和纪念建筑琳琅满目，错落有致地掩映在苍松翠柏之中。钟山是古都南京的骄傲，是古都南京的圣地。

灵谷寺在钟山风物中是历史最为悠久的佛寺建筑。在六朝时期，钟山寺宇很多，梵宫刹宇林立，钟磬之声相闻。岁月沧桑，历代迭有兴废，至今仅山左之灵谷寺尤具规模。

特别是灵谷寺中的无量殿形制高大，全用砖砌，

玄武 一种由龟和蛇合成的灵物。玄武的本意就是玄冥，武、冥古音是相通的。玄，是黑的意思；冥，就是阴的意思。玄冥起初是对龟卜的形容：龟背黑色，龟卜就是请龟到冥间去诣问祖先，将答案带回来，以卜兆的形式显示给世人。因此，最早的玄武就是乌龟。

■钟山灵谷寺

明成祖（1360—1424），朱棣，明朝第三位皇帝，明太祖朱元璋第四子。在位时多次派郑和下西洋，加强了中外友好往来。编修《永乐大典》，疏浚大运河。1421年迁都北京，对强化明朝统治起到了非常积极的作用。在位期间经济繁荣、国力强盛，史称"永乐盛世"。

不用寸钉片木，故又称无梁殿，为国内现存同类建筑中时代最早、规模最大者。

钟山文化遗迹也颇具特色。就碑刻而言，唐代大画家吴道子作画，大诗人李白作赞，大书法家颜真卿所书的宝志和尚像赞碑，即被后人称为"三绝碑"者，久负盛名。

原建钟山独龙阜，后随灵谷寺迁往今址。坟头村附近的阳山碑材，即明成祖朱棣下令开凿，原拟作为刻制孝陵神功圣德碑的碑材，其碑额、碑身、碑座硕大无比，堪称"绝世碑材"。

玄武湖是钟山风景名胜的重要组成部分，东与钟山相邻，山清水秀，相得益彰。它处在南京市玄武门外，湖有五洲，即环洲、樱洲、梁洲、翠洲和菱洲，风光秀美，各有特色。

从南京市内出玄武门，走过两面绿树婆娑的翠虹堤，即是环洲，洲身狭长弯曲如环，故名。洲上有两

■钟山玄武湖

■钟山玄武湖奇石

块玲珑剔透的太湖石，一名观音石，一名童子石。观音石后有一土墩，洲上遍植垂柳，微风吹来，烟云缥缈，"环洲烟柳"成为它的特色美景。

樱洲在环洲环围之中，成为洲中之洲，两洲仅隔一条狭窄的水道，有桥相连。洲上广种樱花树，因而得名。每当春暖花开，鲜艳夺目。沿湖还有一条长廊，隐现于树海花丛之中，亦甚别致。

梁洲在环洲北面，从环洲向北过芳桥即是。在五洲中它开辟最早，风景最佳，名胜古迹最多。早在南朝梁代这里即建有昭明太子读书台，故称"梁州"，著名的《昭明文选》就是邵明太子倡议选编的。

洲北有览胜楼，登楼眺望，全湖风景尽在眼中。洲西有湖神庙和铜钩井，洲上还有友谊厅、陶然亭、赏荷亭、闻鸡亭等古建筑及溜冰场、观鱼池、温室苗圃等，以供观赏。这里绿树葱茏，花草繁盛，"梁洲秋菊"是其特色。

风景如画 东部自然名胜

昭明太子读书台
位于江苏虞山，相传为南朝梁代昭明太子萧统读书之处。台上有明代方亭、台北有焦尾泉、仓圣祠、焦尾轩等景点。读书台现为公园，园内奇石突兀，古木荫荫，山泉幽美，景色绝佳。萧统从小聪明好学，他把前人和当时的有名作家总共挑出来130多位，选出他们写的好文章480多篇，好诗700多首，编成了一部《昭明文选》。

翠洲在梁洲以东，过翠桥即是。这里佳木繁多，苍翠欲滴，故名。绿树、蓝天、白云一起倒映湖中，构成了"翠洲云树"佳景。洲上有少年之家、音乐台、露天剧场等游艺场所。

菱洲在环洲东面，处在玄武湖中心，与翠洲南北相对，因洲形似菱，过去又产红菱而得名。原是孤立湖中的一岛，与其他各洲不相连接，一条向西连环洲，一条向南至解放门，连古台城。其东面水面辽阔，钟山倒映湖中，岚光山影构成了"菱洲山冈"胜景。

紫霞湖是个深藏于山间林海中的人工蓄水湖泊，因与紫霞洞相连而得名。湖水清澈，周围林木蓊郁，山青水碧，风景佳丽。有"林海中的明珠"之誉。

此外，南宋著名爱国诗人陆游雨中游钟山定林寺的摩崖题刻、明代紫霞真人隐居的道家"第三十一洞天"等处，均为钟山胜境，具有浓郁的文化气息。

自然名胜

国家自然名胜风景区

■钟山玄武湖景观

■ 中山陵音乐台

音乐台，位于中山陵广场南。音乐台为钢筋混凝土结构，平面为半圆形。圆中心是舞台，台后建有大壁，同北京回音壁原理相同，以汇集音浪。用水泥假石镶面。台前有一汪月牙形莲花池，池底有伏泉，池前是半圆形草坪。

流徽榭在中山陵至灵谷寺公路的南边，又名水榭亭，三面临水，碧水如镜，倒映水榭，别有情趣。

梅花山在南京市中山门外钟山南，处于明孝陵神道环抱中。因山上多红梅而得名。旧名孙陵岗，也称吴王坟，因东吴的孙权葬在这里而得名。

梅花山位于明孝陵石像路旁，内外梅花繁茂。现有面积很大，栽植了多个品种的梅花。明末徐渭画《钟山梅花图》，绘出"龙蟠胜地，春风十里梅花"之景观。

南京中山植物园是我国第一座国立植物园，坐落于南京东郊的国家级钟山风景区内，背倚苍翠巍峨的

徐渭（1521—1593），初字文清，后改字文长，号天池山人等，或署田水月、田丹水、青藤老人、青藤道人、青藤居士、天池渔隐、山阴布衣、白鹇山人等别号。他是我国明代有名的文学家、书画家和军事家。他在诗文、戏剧、书画等各方面都能独树一帜，给当世及后代留下深远影响，他与解缙、杨慎并称为"明代三大才子"。

牌坊 又名牌楼，为门洞式纪念性建筑物。是封建社会为表彰功勋、科第、德政以及忠孝节义所立的建筑物。也有一些宫观寺庙以牌坊作为山门的，还有的是用来标明地名的。同时牌坊也是祠堂的附属建筑物，昭示家族先人的高尚美德和丰功伟绩，兼有祭祖的功能。

■中山陵博爱坊

钟山，面临波光潋滟的前湖，傍依古老壮观的明城墙，遥对闻名中外的中山陵。

园中气候温和，植被茂盛，融山、水、城、林为一体，秀色天成，风光旖旎，既是一个独具魅力的旅游胜地，又是一个奥妙无穷的植物王国。

中外闻名的紫金山天文台位于钟山第三峰天堡山上，是我国最早建立的现代化天文观测和研究机构。我国是世界上研究天文最早的国家之一，自古创造了许多天文仪器，现在紫金山天文台内还保存着一批极珍贵文物，有浑仪、简仪、圭表、小天体仪、小地平经纬仪和漏壶等，这些仪器制作精美，使用精确方便，举世公认。

钟山风物，当以孙中山先生的陵墓及其附属纪念建筑群为最。中山陵，位于紫金山中茅山的南坡，前

紫金山风景

临平畴万里，后拥苍崖千丈，由我国著名建筑师吕彦直设计，融汇我国古代与西方建筑的精华，庄严简朴，别创新格。墓地全局呈"警钟形"图案，寓"使天下皆达道"之义。

中山陵的建筑风格中西合璧，钟山的雄伟形势与各个牌坊、门、碑亭、祭堂和墓室通过大片绿地和宽广的通天台阶，连成一个大的整体，显得十分庄严雄伟，既有深刻的含义，又具纪念的功能，更有宏伟的气势，被誉为"中国近代建筑史上的第一陵"。

阅读链接

钟山因为不凡的气度和形胜，曾引无数帝王将竞相折腰。南唐李后主信佛后放弃了对宋的一战，当僧侣们拿起武器誓死要保卫皇城时，李后主劝说他们这是违背佛的宗义，自己作为护城的人质当了俘虏被宋人押走。

"问君能有几多愁，恰似一江春水向东流。"作为诗人的李煜，大概悟到佛的诚实、和诤、爱语、质直、清静、慈悲、正见等宗旨。这些佛的基本要义，历经2000多年而今仍被大家沿用。说明人类在追求世界和平，社会和谐，科学发展中，真善美是永恒的，真善美是人类追求的至尊境界。

五岳独尊——泰山

泰山，古称"岱山"，也称"岱宗"，春秋时改称今名，因地处东部，又称"东岳"。

泰山位于山东省泰安市城北，因古人以东方为万物交替、初春发

■泰山景观

■泰山岱宗坊

生之地，古之帝王每每要来泰山举行封禅大典，祭告天地，故有"五岳独尊"之说。其山势突兀峻拔，景色壮丽，有众多的名胜古迹。

泰山的主要景观有岱宗坊、王母池、红门宫、万仙楼、斗母宫、柏洞、壶天阁、回马岭、中天门、云步桥、对松山、五大夫松、升仙坊、南天门、无字碑、经石峪刻经、鸳鸯碑、纪泰山铭、碧霞元君祠、日观峰、玉皇顶、后石坞、黑龙潭、普照寺等。

岱宗坊是由东路步行登泰山的起点，为四柱三洞式石坊，全部选用优质花岗岩砌筑，上覆石瓦，单檐挑角。坊东西两侧为岱宗坊游园，人们多在此休憩。

王母池，古称"瑶池"，也叫"群玉庵"，位于岱宗坊北面，再转折向东不远处，王母池传为王母约会群仙的地方。这是一组依山傍水，高下相间，玲珑紧凑的古代建筑群。唐代诗人李白在《游泰山》诗中也有"朝饮王母池，暮投天门阙"的诗句。

封禅大典 表示帝王受命于天的典礼。它起源于春秋至战国时期，是当时齐、鲁的儒生为适应兼并争霸趋于统一的形势而提出的祭礼。他们认为泰山是世界上万物交替、初春发生之地，古之帝王每年要来泰山举行封禅大典，祭告天地。

现存多为明清建筑，三进式院落，平面呈长方形。从前院到后院逐步登高。内中有王母池，池西为王母泉，泉水清澈、甘洌，经年不涸。

红门宫因其西北悬崖有两块并列如门的红石而得名，登上台阶映入眼帘的是4座石坊，前后相连，故有小坊群之称。第一座牌坊为一天门坊，初建于明代，清康熙年间重修。

其后紧连着就是孔子登临处石坊，再后是天阶坊和瞻岩初步两座石坊。它以飞云阁为中心，分为东西两部分，东为弥勒院，西为元君庙。另建有更衣亭，乃是帝王登山换衮更衣之处。

万仙楼旧称"望仙楼"，坐落在红门宫以北，为一跨盘道楼阁式建筑。门洞高4.4米，上层楼阁3间，重梁起架，九脊歇山顶，覆黄色琉璃瓦。门洞之阴上刻"谢恩处"3个字，传为旧时帝王登山，地方官员送驾至此谢恩返回之处。

斗母宫坐落在泰山龙泉峰下，东临溪水，古称龙泉观，原为供祀"先天斗母大圣元君"，传说是北斗众星之母的道观，后改为佛门的

自然名胜

国家自然名胜风景区

■泰山斗母宫

院各有大殿3间，宫中有殿宇、楼阁、亭榭、庑廊等
房屋数十间。整个建筑依山傍水，错落有致。

宫门西向，门口枕石上有琢雕精细、形象逼真的石
狮子一对。南院寄云楼建于1914年。北院正殿为送子观
音殿3间，东轩为听泉山房，凭牖远眺，可观泰山著名
胜景三潭叠瀑。宫前一棵明代古槐，犹似卧龙翘首，故
名"卧龙槐"。此处景致静中有动，别具一格。

柏洞在斗母宫北面，盘道两侧山崖上布满古柏，
连绵上千米，使人犹如进入了一个由柏树组成的隧道
之中，故有此称。

这里古柏茂盛，荫翳蔽日，人行其间，虽在盛夏
烈日之下，也觉清爽可人，多在此休憩。

壶天阁在柏洞北面，始建于明代，原名升仙阁，
清乾隆年间扩建后改今名。所谓"壶天"即道家所称

石狮子 就是用石
头雕刻出来的狮
子，是在我国传
统建筑中经常使用
的一种装饰物。
在我国的宫殿、
寺庙、佛塔、桥
梁、府邸、园
林、陵墓以及印钮
上都会看到它。但
是更多的时候，
"石狮"是专门指
放在大门左右两侧
的一对狮子。

风景如画
东部自然名胜

■泰山中天门

自然名胜

国家自然名胜风景区

的仙境。门洞两旁镌有对联：

登此山一半已是壶天，造极顶千层尚多福地。

阁楼为重檐歇山式，黄色琉璃瓦覆盖。阁北为元君殿，阁西有倚山亭。

回马岭位于壶天阁西侧，旧称"石关"，也叫"瑞仙岩"。盘路上立有石坊，上书"迴马岭"3个朱红大字。使人意识到登山至此，道路险峻，马已不能上，只可徒步攀登了。这里重峦叠嶂，峰回路转，形势险要。

中天门位于泰山中、西两路交会处，也叫二天门。高踞于黄岘岭之上，为泰山主峰屏障。中天门石坊立于十二连盘和倒三盘的结合处，旁有巨石伏卧如虎，因名伏虎石，石壁上有清吴大澂大篆"虎"字，古朴雄健。

云步桥位于中天门上，因石桥飞架在云雾缭绕的断崖之上，人行至此如在云中漫步，故名。云桥高悬如虹，百丈崖瀑布似白练倾泻而下，是为"云桥飞瀑"，乃泰山十大自然景观之一。

五大夫松石坊下有巨石一块，上刻"飞来石"3个大字，是明万历三十一年也就是1584年，在一次狂风暴雨中从山上滚落下来的。

山坡上有古松一棵，状若伞盖，长枝下垂如拱身行礼迎接宾客，故名"望人松"，也称"迎客松"，相传为秦时古松，已成为泰山标记之一。东北悬崖上刻有清乾隆皇帝《朝阳洞诗》，俗称万丈碑，为泰山最大的摩崖石刻。

对松山又称"万松山"，或称"松海"，位于南天门下。这里两峰对峙，松生绝壁，云出其间，风起则松涛轰鸣。清乾隆皇帝至此，遂有"岱宗最佳处，对松真奇绝"的赞叹。

升仙坊，在南天门下"十八盘"的盘道中间。以此坊为界，坊南谓"慢十八"，坊北为"紧十八"，旧有过得此坊便可成仙之说。

此石坊始建于明代，系两柱一洞的跨路坊。在此处抬头仰望南天门，但见盘道陡峭，犹如天梯悬空；回视来路，青峰浮云，碧海涌

■泰山飞来奇石

■ 泰山经石峪石刻

自然名胜

国家自然名胜风景区

顾炎武（1613—1682），原名绛，字忠清。明朝灭亡后，他以慕文天祥学生王炎午为人，改名炎武，字宁人，也自署蒋山佣。学者尊为亭林先生。明末清初著名的思想家、学者。知识渊博，与黄宗羲、王夫之并称"明末清初三大儒"或"明末清初三大思想家"。晚年侧重经学的考证。

波，宛若置身天街。

南天门坐落在登山盘道的尽处，又名三天门。翔凤、飞龙两峰雄峙东西，天门扼隘口而立，险中出奇，气度非凡。门分两层，下为拱形门洞，上为阁楼，名摩云阁。门西侧有元代杜仁杰撰、严忠范书写的《天门铭》石碑，铭词古雅，楷法端严。

无字碑矗立于泰山极顶处，高6米，宽1.3米，厚0.9米，重约170吨，由石灰岩琢磨而成。其形制自下而上渐次收分，顶部覆以方石一块，其上又叠置一小型雕柱，遥观如一通巨型经幢。

据清代学者顾炎武考证，此碑当系汉武帝封禅泰山时所立。当是汉武帝刘彻自认为"受命于天""功高莫名"，任何语言、文字都不足以充分表达其丰功伟绩而已。

经石峪刻经位于泰山中路东侧大罗汉崖山涧之中一块约3000平方米的石坪上，自东而西镌刻有47行经文，内容为北朝以来广为流行的《金刚经》。每个字径约50厘米，铭一两厘米，被后人尊为"大字鼻祖，榜书之宗"。经文隶书，字体圆润，气势雄奇，是我国重要的佛经刻石。

鸳鸯碑，又名"双束碑"，是泰山现存最早的唐代碑刻，内容为唐高宗至德宗年间六帝一后时期岱宗观修斋建醮文书，共27篇。其中仅武则天时期的就有9篇，并保留了武则天独撰的一些新字。这种造型新颖、集中刻石纪事的碑刻，为我国碑刻史迹所仅见。

纪泰山铭，雕镌在泰山极顶大观峰东侧，全文4段，24行，每行51字，共996字，连同额名正好1000字。这是唐玄宗李隆基于725年封禅泰山时亲自撰书，也是他封禅泰山的历史见证。铭文由隶书写成，

汉武帝 （前156—前87），名刘彻，是汉朝的第五代皇帝。汉武帝是汉景帝刘启的第十个儿子、汉文帝刘恒的孙子、汉高祖刘邦的曾孙。16岁登基，在位54年，建立了汉朝最辉煌的功业之一。他的雄才大略、文治武功使汉朝成为当时世界上最强大的国家，也是我国历史上最伟大的皇帝之一。

风景如画

东部自然名胜

■泰山玉皇顶

玉皇大帝 是天界最高主宰之神，上掌三十六天，下握七十二地，掌管一切神、佛、仙、圣和人间、地府之事。玉皇大帝也称为天公、天公祖、玉帝、玉天大帝、玉皇、玉皇上帝。玉皇大帝居于太微玉清宫，玉皇有制命九天阶级、征召四海五岳之神的权力。

■ 泰山黑龙潭

形制端庄，书艺遒逸，文词典雅、气魄恢宏。

碧霞元君祠坐落在泰山极顶南面。建于宋代，明清均有增修。初名昭真祠，金称昭真观，明称碧霞元君庙或碧霞灵佑宫。祠内供奉主神为"天仙玉女碧霞元君"，也称"泰山玉女"，俗称"泰山老母"。

日观峰位于岱顶天柱峰东南，为观看日出的最佳去处。峰北有巨石探出，长近7米，名"拱北石"，又名"探海石"。

"旭日东方"乃岱顶之奇观，初始只见一红线，渐渐扩张，绚烂多彩，久之忽现弓形，须臾即呈半圆，转瞬跃出海面，顷刻间便光芒四射，普照人间。

玉皇顶也称"天柱峰"，是泰山的顶峰。因建有玉帝观，故名。极顶石周围有石栏杆，石上题有"极顶"两字。西北有"古登封台"碑，是古代帝王登高封禅的地方。

玉皇庙建于泰山极顶，为泰山上地势最高的建筑物。主殿内供明代铸玉皇大帝铜像。东有迎旭亭，西有望河亭。在亭内可东观海上日出，西望晚霞夕照。

后石坞在泰山之阴的山峪中，三壁环抱，被称为"岱阴奥区"，谓奥妙无穷之意。石坞石洞内泉水叮咚，寒冬形成的冰柱，如同玉圭，虽盛夏也不融化，故有"六月寒冰坚玉柱"之说。

此处多松柏，姿态各异，"石坞松涛"堪称佳景，且多怪石，嶙峋如笋，有"笋城"之称谓。

黑龙潭位于泰山东百丈崖之下。西溪之水曲折奔流来到这里骤然飞落绝涧，架空悬注，如飞虹闪电，飞驰而下，顿时云烟吞吐，晦明变幻。

潭边西溪石亭楹联一副："龙跃九霄云腾致雨，潭深千尺水不扬波。"所言非常形象。潭上有长寿桥，状若彩虹；潭南有龙潭水库，晴日可观傲徕倒影。

普照寺在泰山的南麓，是山南保存最完整的禅寺。初建于六朝，后多有扩建，明清时均予以重修。

该寺依山建造，分上中下三重。以双重山门、大雄宝殿及摩松楼为中轴线，东西配以殿庑、禅房、花园等。

阅读链接

探海石又叫拱北石，是泰山著名的标志性景观之一。关于它的来历，有一段美丽的传说。

原来，中天门有座二虎庙，二虎庙供奉着黑虎神，他奉碧霞元君之命保卫泰山安宁。有一年春天，东海龙宫有个守门的海妖见泰山顶上热闹非凡，就去施放妖气，刹那间，山顶变得乌烟瘴气。黑虎神正在山下巡视，见乌云笼罩山顶，便知定有海妖作怪，便提上碧霞元君赐给他的镇山之宝——擎天神棍，真奔山顶，他见那海妖还在作法，便持棍打去。海妖急忙化作一缕青烟夺路而逃。

由于黑虎神用力过猛，那擎天神棍打在石上断为两截，断掉的一截顿时化作一块巨石，直指东海，怒目而视。从此，那海妖看见擎天神棍立在山顶，再也不敢到泰山作孽了。

绮丽自然——井冈山

　　井冈山位于江西省吉安市境内，东临江西省泰和、遂川两县，南邻湖南省炎陵县，西靠湖南省茶陵县，北接江西永新县，是江西省的西南门户。井冈山山高林密，沟壑纵横，层峦叠嶂，地势险峻。其中部为崇山峻岭，两侧为低山丘陵，从山下往上望，巍巍井冈就如一座

井冈山云海

巨大的城堡，五大哨口是进入"城堡"必经的"城关"，把守此地，有"一夫当关，万夫莫开"之势。

井冈山上林木繁茂，有各类植物3800多种，其中香果树、银杏、水杉、鹅掌楸、井冈杜鹃等，均属名贵珍稀植物。一般杜鹃花都是丛生灌木，这里却能长成直径达之尺有余的大树，而且品种很多，当春夏之交，漫山遍野杜鹃花盛开，景色迷人。

■井冈山景观

每年春天，这里同样"红"透半边天，因为在参天挺立的水杉之间，在浓荫馥郁的梧桐之下，以树的姿态密密匝匝地伸向蓝天的杜鹃也迎来了绚烂的花期，为绿色的山林增添了斑斓色彩。微风过处，影影绰绰，如裙摆飘飘，让人陶醉。

井冈山上的杜鹃种类繁多，有云锦杜鹃、鹿角杜鹃、猴头杜鹃等约30个名贵品种，而其中最为著名的当属这里独有的珍稀树种"井冈山杜鹃"。

它不仅有清新扑鼻的花香，而且还拥有独具一格的"渐变"色：初开时为粉红色，然后逐渐变成紫红色，色泽绚丽、妩媚多姿，非常独特。

井冈山特产有猕猴桃、金桂、山梨、杨梅、石耳、木耳、香菇、玉兰片、玉溪茶、黄连等。

井冈山的自然景观令人叹为观止。景区内峰峦

茶陵县 古因陵谷多生茶而称"茶乡"，后因炎帝神农氏葬于"茶乡之尾"而得名"茶陵"。茶陵是农耕文化发祥地之一，炎帝神农曾在这里教民耕织。茶陵是井冈山革命根据地六县之一，湘赣革命根据地重点县、模范县，是毛泽东亲手缔造的中国第一个红色政权茶陵县工农兵政府的诞生地。

井冈山风光

叠嶂，峪壑幽深，溪流澄碧，林木翁郁。主要景观的类型有峰峦、山石、瀑布、溶洞、气象、高山田园风光、次原始森林和珍稀动植物、温泉等。

这些景观具有雄、险、秀、幽、奇的特色。可以春赏杜鹃、夏观云海，秋眺秀色，冬看雪景。尤以雄险的山势、奇特的飞瀑、磅礴的云海、瑰丽的日出和烂漫的杜鹃花而蜚声中外。

这里巍峨群峰矗立，万壑争流，苍茫林海，飞瀑流泉，有气势磅礴的云海，瑰丽灿烂的日出，十里绵延的杜鹃长廊和名闻遐迩的井冈山主峰。

五指峰位于茨坪西南面，因峰峦像人手的五指而得名。五指峰峰峦由东南向西北伸延，绵亘数十千米，气势磅礴，巍峨峻险，至今杳无人迹，还是个"神秘世界"，人只能站在隔岸的"观景台"上远望其巍峨的雄姿，是保存完好的原始森林，现已列为自然保护区。

五指峰两边巨峰对峙，中间一条深谷，谷底为龙庆河，即井冈山河。半山腰有个"天军洞"，相传为当年太平天国军驻地，与五指峰相望的还有"龙庆洞"。传说此洞曾藏龙居仙。

景区内是一座天然的动植物园，这里是短尾猴、木鹿、黄腹角雉等珍禽异兽出没的地方。

五指峰还有一座瀑布，如同千尺素绢半空悬挂，在几千米以外就可眺见，并有流动感。五指峰瀑布是井冈山落差最大的瀑布。五指峰脚下有一群峦湖，犹如一轮明月映照在茫茫云海之中，为主峰景区增添了迷人色彩。

五指峰下的龙庆河盛产"井冈三石"：石鸡、石鱼、石耳。整个保护区春季峰峦叠翠，鸟语花香；夏末蛙蝉齐鸣，悦耳动听；秋日红叶映日，层林尽染；冬天银装素裹，冰晶似玉。

在"金蟾望月"石的对面生长着一丛丛高山杜鹃林，林中则不时有黄莺飞出落在石上高歌，金蟾张开大口像是吹响了革命的集结号，杜鹃林也像是被唤起的千百万工农。在"金蟾望月"石的西边有几块较大而平整的石头。

大井周围的群山，横看成岭侧成峰，松峰顶篁交翠，古树成林，溪涧流泉清洌，石鱼历历可数，美味的石鸡、珍稀保护动物娃娃鱼也

井冈山景区瀑布

分布于此。

当地居民的住宅则环境清幽，建筑风格古朴，和周围环境相映成趣，看到的是一幅高山田园画，听到的是一首高山田园诗，耳目自然为之一新。

黄洋界居高临下，扼居山口，形势险要，当地群众称之为摩天岭。在这里放眼四望，群山起伏，层层叠叠，白云翻腾，犹如汪洋大海。当年的哨口工事和上山小路还依稀可见。

杜鹃山主要由中峰、西峰、东峰三大峰组成。远望犹如古代的笔架，故名笔架山。整座山峰雄伟壮丽，葱茏峻拔,逶迤奇险，风光秀丽。

笔架山上素有"十里杜鹃十里松"的说法。在一片杜鹃密林处，有几块巨石，前后斜立，形态酷似黑框金蟾，日夜抬头望天，人们称其为"金蟾望月、蛤蟆叫天"石，是笔架山美景之一。沿着杜鹃长廊走，有成片的台湾松。这些松树平展、刚劲、挺拔、卷曲、盘旋，似凤凰归巢，如飞龙入海，有的像蘑菇，有的似大、小松岛，更是奇松集中的景点，一棵棵青松如巨龙起舞，凌空飞腾。

阅读链接

据说，以前有一对神仙男女，看到人间男耕女织，夫妻和睦相处，于是就动了下凡的念头，他们趁王母娘娘在瑶池举行蟠桃宴会的机会去偷莲种，当仙男带着水珠宝和莲种准备逃出瑶池时，被管理莲塘的仙女发现了。

王母娘娘知道后，便派出十八路神兵神将逢路拦截。仙男见此情况，知道交出宝花神种，能免一死，但他面对死亡，毫无惧色，将宝花神种撒向凡间，因为莲盘是撒在井冈山这块地方，所以，现在的井冈山就像一朵盛开的绿色莲花。

山水神秀——仙都

仙都，位于浙江省丽水市缙云县境内，是一处以峰岩奇绝、山水神秀为景观特色，融田园风光与人文史迹为一体，以观光、避暑休闲和开展科学文化活动为一体的国家级重点风景名胜区。

仙都也是一个山清水秀、景物优美、气候宜人的游览胜地。境内九曲练溪，十里画廊，山水飘逸，云雾缭绕。

■仙都风景区

白居易（772—846），字乐天，晚号香山居士、醉吟先生。祖籍山西太原，胡族后裔，生于唐代时河南新郑。中唐最具代表性的诗人之一。作品平易近人，乃至有"老妪能解"的说法。其作品在作者在世时就已广为流传于社会各地各阶层，乃至外国，如日本等地，产生很大的影响。

仙都风景区，自隋代起便闻名于世。仙都风景区分布于练溪东西的两岸，由鼎湖峰、芙蓉峡、倪翁洞、小赤壁、姑妇岩、朱潭山、步虚山等景点组成。

鼎湖峰是整个风景名胜区的核心。鼎湖峰，又称"天柱峰"，它东靠步虚山，西临练溪水，状如春笋拔地而起，直插云霄，人们常谓"天下第一峰"。

鼎湖峰顶有小湖，湖周苍松翠柏掩映。相传轩辕黄帝曾置炉于峰顶炼丹，丹成黄帝跨赤龙升天时，丹鼎坠落而积水成湖，故名"鼎湖"。至今无路可攀登，仅有药农架绳索飞渡峰顶采药。白居易有诗记载：

黄帝旌旗去不回，片云孤石独崔嵬。

有时风激鼎湖浪，散作晴天雨点来。

鼎湖峰旁依偎着一小石峰，俗称"小石笋"，酷似慈母抚娇儿，又名"童子峰"，意境绝妙。

■缙云仙都鼎湖峰

　　紧靠鼎湖峰的步虚山，山上多奇石，山腰多石洞，人们沿山谷中蜿蜒的盘道，可上山巅，上有一亭凭栏可近观鼎湖峰，远眺仙都山光水色。

　　芙蓉峡，从鼎湖峰沿好溪上行三四千米，渡溪入山谷，两侧峭壁通体漆黑，整座山体又如钢铁铸成的石城堡。越往里走，峭壁越高，山谷越窄。最狭处中裂如门，仅容一人穿过，大有"一夫当关，万夫莫开"之势，故叫"铁门峡"。

■ 仙都鼎湖峰景观

　　入内是一洞天，四周高崖围立，中间绿草成茵，叫紫芝坞，相传这里是东海八仙饮山泉尝紫芝的地方。坞内有屋基一座，是明代高人结庐隐居的遗址。

　　倪翁洞又名初阳谷，位于鼎湖峰西练溪边初阳山上。相传老子学生、越国大夫范蠡的老师计倪，嫉俗遁世，隐居于此，因而得名。

　　洞中留有唐、宋、元、明、清、近代和现代文人摩崖石刻达60多处，是仙都风景区摩崖石刻最集中的地方，现已被列为国家重点文物保护单位。其中倪翁洞中的"倪翁洞"3个篆字，是由时任缙云县令、著名小篆书法大家李阳冰所题。

　　倪翁洞景区内的独峰书院位于好山山麓，面临好

计倪 姓辛氏，又称计然、计研、计砚等，号称渔父。春秋时蔡丘濮上人。他品行刚直，博学多才，尤善计算。他酷爱山水之游，南游到越国，大夫范蠡惊其才，从之为师。越灭吴后，计倪离开越王勾践，来到仙都隐居在初阳山的旸谷洞中，自称"倪翁"。

刘秀 （前6——57），汉光武帝。东汉王朝开国皇帝，我国历史上著名的政治家、军事家。公元25年，刘秀于河北登基称帝，为表刘氏重兴之意，仍以"汉"为其国号，史称东汉。刘秀结束了军阀混战与割据局面。刘秀在位33年，大兴儒学、推崇气节。

溪，是宋代理学家朱熹讲学的纪念地。1182年，朱熹持常平节上疏劾台守未报，巡历到缙云县，徜徉于仙都山，以伺朝旨，有"于此藏修"之语。同时，作《追和徐氏山居韵》七绝一首：

出岫孤云意自闲，不妨王事任连环。

解鞍盘礴忘归去，碧洞修筠似故山。

独峰书院，建筑风格属晚清，核心部分为三间三进，左右厢房20间，南北对称，由卷洞圆门和小门相连。其间花园、天井、围廊浑然一体。院内有椤木石楠、银杏、桂树、山茶、金钱松、芭蕉等名花名木。

倪翁洞向东过溪，绝壁陡峭，东西横亘长数千米，石壁下部呈赭红色，犹如焰火烧过，故称"小赤壁"。悬崖中有一天然栈道，长数百米，称"龙

■ 缙云仙都景观

"龙耕路"，沿着山腰的悬崖峭壁，横嵌着一条天然石廊，俗称"白蛇路"。

相传当年刘秀遇难，追兵将至，突然一条鳞光闪烁的蛟龙飞速从岩壁间穿过，开出路来使他脱险，故又称"龙耕岩"。

这里有虎迹岩、八仙亭、"晨炊玉甑"和仙榜岩等景观，前面还有许多嶙峋的怪石散落在练溪水中，形成溪中有岛，岛中有水，似岛非岛，似湖非湖的小蓬莱。

仙都胜景"姑妇岩"，也叫"婆媳岩"。姑岩略低，面朝北，酷像佝偻僵坐的老婆婆。不论从哪个方向观看，无不惟妙惟肖。妇岩与姑岩对峙，像有身躯而无头首的年轻媳妇，似穿连裙长服，亭亭玉立。

同时在姑妇岩隔水的山巅又可看到另外两块岩石相偎挺立的仙释岩，俗称"舅轿岩"。

初阳山也称旭山，顾名思义，因早上阳光最早可照到而得名，它在好山之前，青塘之东。山上一亭，名"初阳"。亭上有联：

> 七娇登碧岭披云对镜施粉黛；
> 王老浴初阳海水忘旭醉蓬莱。

■ 缙云仙都亭榭

朱熹（1130—1200），字元晦、一字仲晦，号晦庵、晦翁、云谷老人等。19岁考中进士，曾任荆湖南路安抚使，仕至宝文阁待制。为政期间，申敕令、惩奸吏、治绩显赫。南宋著名理学家、思想家、哲学家、教育家、诗人，闽学派代表人物，弘扬儒学的大师。

山中有初阳谷、斗山洞天，山下有君子石、青莲石、半壁池、曲泉、洄濑桥、雪霞岭、问渔亭、独角亭、三角亭等。

朱潭山位于仙都景区，主要景点有仙堤、晦翁阁、九龙壁和超然亭等。仙堤两边杨柳婆娑，用卵石铺成的长堤既浪漫又多情。

仙堤上有座四角攒尖的望峰亭和旁边的水榭，既点缀了风景，又是摄影的最佳取景点。从这里看，岸上的鼎湖峰伟岸挺立，水中的鼎湖峰婀娜多姿，随波摆动。当夕阳的余晖洒上一片金色，岸上与溪中的鼎湖峰都更加美丽动人，宛如天上的琼楼玉宇。

晦翁阁是一处在岩洞内人工修建而成的半边亭阁。亭阁是木结构的，两亭角飞翘于洞窟之外。洞窟名晦翁洞，后山即为晦翁岩，山脚好溪溪阔水深，人称"朱潭",相传宋代理学大家朱熹曾憩于此,这里的景点均以朱熹的姓与号来命名的。

晦翁岩高达几十米,南北延伸数百米,悬崖碧潭,古洞幽趣。古树遮天,是仙都又一寻幽探胜的好去处。晦翁岩后山峦,环境清幽,多连理树,是理想的恋爱定情之地。

水边有一端奇特岩壁,人称"九龙壁"。这是一条带状层状节理地质构造。整条节理带整体与溪水面几近平行。节理带中洞窟高低、深浅不一。因节理带处于悬崖峭壁间,凝灰岩性岩层状分明,起伏弯曲,横生凹凸,如无数条虬龙盘石潜伏,故称"九龙壁",又名"龙崖"。

溪边有一座四角单檐攒尖顶亭,叫超然亭,意思是超然物外,心游闲云。它是远眺马鞍山日出的观景亭,木质结构,红柱青瓦。该处东可远眺马鞍山日出,北可近观天师洞,南可望鼎湖峰雄姿。要领略朱潭山的魅力,应坐下来慢慢感受,体验它天然的宁静、清新与质朴。

步虚山是鼎湖峰的后山,东西走向,东接高天坪,西为石笋漏,南为下官坑,北俯板堰。它的西头原与鼎湖峰为一体,形成于白垩纪晚期,后经流水的冲刷和寒暑风化,才慢慢自然崩塌分离,形成许许

■ 仙都步虚亭

鼎湖峰朝祖亭

多多尖柱状的石柱。

元《仙都志》记载："步虚山，在仙都山前，正与玉虚宫相对，叠嶂倚空，群峰掩映，古老云黄帝尝炼丹之所。"

北宋铁面御史衢州赵忭有诗云：

妙峰高处即仙居，
多为朝真作步虚。
却是清风明月夜，
一声倾听属樵夫。

在步虚亭下悬崖陡壁间，有一个神奇的地方，它远眺如蚁巢，近看如蛋窝，有的直径不逾一寸，有的足有两三尺，个个坚硬似铁，油黑发亮，其重异常。这大大小小石蛋之间，组成了许许多多形态各异的洞壑。由于地处高踞云空的峭壁之上，是蝙蝠栖居的地方，故称蝙蝠洞。人们以为这就是登天入仙之处，故也叫"凌虚洞"。

阅读链接

相传在唐天宝年间有许多缤纷彩云回旋于此山，山谷乐声震天，山林增辉。当时有刺史苗奉倩上报玄宗。

唐玄宗听后惊叹地说："这是仙人荟萃之都也！"并亲自写下"仙都"两字。

仙都盛名由此传至今天。仙都景色美在天然，奇峰异石，千姿百态；有桂林山水之秀，又有雁荡奇峰怪石之神韵。

四明第一山——雪窦山

　　雪窦山位于浙江省奉化市溪口镇西北，为四明山支脉的最高峰。山上有乳峰，乳峰有窦，水从窦出，色白如乳，故泉名"乳泉"，窦称"雪窦"，山因此得名。

　　雪窦山风景区包括溪口镇、雪窦山、亭下湖三部分。著名景点有

■雪窦山石刻

雪窦山千丈岩

雪窦寺、千丈岩、三隐潭瀑布，妙高台、商量岗和林海等景观。

溪口，位于宁波市区西南方向，奉化市西北，溪口以剡溪之水而得名。剡溪源头，主流出于剡界岭，由新昌入奉化境，称"剡源"。

沿溪风光优美，剡源九曲为古代旅游胜地。九曲公棠以下称"剡溪"，由西向东流过全镇，至东端，有武岭头与溪南山阻隔成口，"溪口"之名由此而来。

溪口又以武岭横亘镇东，以山名命地，故也称"武岭"。这里山水如画，风景秀美，骚人墨客寻幽探胜，古代即已形成"溪口十景"，即奎阁凌霄、武潴浪暖、平沙芳草、碧潭观鱼、松林晓莺、溪船夜棹、锦溪秋月、雪峰晚照、屏山雪霁、南园早梅。

雪窦寺是雪窦山上的主要古迹，建于唐代，千百年来，香火旺盛，高僧辈出，在我国佛教界被称为"天下禅宗十刹"之一，有极高的地位。

据地方志《寺志》记载，在唐宋时期，雪窦寺先后受几代皇帝的40多道敕谕，至今寺内尚存"钦赐龙藏"的经书5700多本及玉印、龙袍、龙钵和玉佛等。

早在宋代已为全国所公认。宋仁宗梦游雪窦山，赐"雪窦资圣禅寺"额匾，理宗追书"应梦名山"。寺屡兴屡废，现存清顺治年间所建厢房7间。

雪窦寺内建筑雄伟，引人入胜，寺外古木参天，别有一番古刹风光。两棵汉代银杏，径约五人围，树叶旺盛，高耸入云。

雪窦寺前边有处瀑布，名雪窦飞瀑，又名千丈岩瀑布，乳泉之水流入锦镜池，穿过关山桥，在千丈岩倾泻而下，自岩顶至深潭。半壁有巨石相隔，每逢春夏，大雨滂沱，飞流直下，至半壁为巨石所碰撞，击碎溪岩飞雪，经日光照耀，便会出现一道长虹，蔚为奇观。

徐凫岩有一巨石外凸，相传此处为仙人骑凫徐徐升天，故名。远望巨石，酷似石猴倚天而称"鞠猴岩"。以鞠猴岩为中心，两边绝壁呈放射状亘延数百米，其形如斧凿刀削，其色黛赭相杂。

崖顶松木苍翠，虬影乱舞，崖下草木丛生，成簇弄影。宋宝庆《四明志》记载，绝壁凿有"鞠猴岩"3个大字。

雪窦山雪窦寺弥勒大佛

■雪窦山景观

　　崖顶洞间，有古朴洞桥横跨，洞水自蹲踏岭林间潺潺流来，渐而湍急澎湃，过桥后飞流直挂，声震山谷，无岩石阻断，一流至底。

　　绝壁下部，水帘与岩壁相隔成一宽绰空间，置身其间，如坐轻罗帐中，细沫涧面，趣不胜述。瀑下有潭，烟云弥漫，令人沉醉。水自潭流出，成溪流沿谷底逶迤而去。

　　宋代陈著《徐凫皎瀑》写道：

　　　　一流瀑泻九重天，长挂如虹引洞仙。
　　　　岩壁凫飞延岁月，石梁龙滚起云烟。
　　　　满山药味增新色，夹岩桃花胜旧年。

　　从御书亭经百步阶，可至千丈岩底，水击成潭，潭水碧透，寒气袭人。1894年潭旁筑仰止桥、午雷亭。

　　伫立桥上，水汽弥漫，余沫扑人，仰望飞瀑，惊心动魄，午雷亭旁摩崖石刻"烟声"两字，为1642年知县胡梦泰所书。

飞瀑对面崖壁上，"乐不"两字，1916年亭下人沈皆城书。武岭门是进入溪口镇的必经之路，因建在武山的山脊上而得名。关于这个名字的阐释是因为溪口周边的山川景貌堪与陶渊明笔下的桃花源相类，而且两者为谐音，里人素以武陵自诩，意即世外桃源之地。

文昌阁是溪口镇风景最优美的地方。它位居武山南端，剡溪之滨，南望溪南山色，俯视千米长街，八面临风，一派大好风光。

文昌阁初建于清雍正九年也就是1732年，因阁内供奉首奎星，故又名"奎阁"，有"奎阁凌霄"之称，是清代溪口十景之一。

亭下湖位于蜚声中外的历史名镇奉化市溪口镇5千米处，南邻剡溪九曲景点，北与著名的五大佛教名山之一的弥勒道场雪窦古刹、千丈名瀑、徐凫仙境等景点相连。湖内有山岚水色、天光云影、岸曲岛列和景观多现的山水钟秀之美，誉为"浙东明珠"。

亭下湖景区有二君遇仙、龟蛇守门、古塔神瀑等传说，湖区内自然风光绮丽，民情风俗古朴，时令水果飘香，四季鱼味鲜美。游人只要一踏进亭下湖景区，便有神清气爽、赏心悦目之感。

阅读链接

宋高宗建炎年间，金兀术率十万大军进犯镇江，时韩世忠任浙西制置使，率八千水军在镇江拦截抵抗。

敌众我寡，韩世忠的夫人梁红玉提出埋伏之计。韩世忠亲率战船，诱敌深入，梁红玉则在金山之巅的妙高台上擂鼓指挥。

三通鼓响后，芦荡里埋伏的战船都"嗖嗖"飞了出来，金兀术的人马多为"旱鸭子"，被打死、淹死、打伤大半，溃不成军，逃到黄天荡，韩世忠围困金兵于黄天荡48天，狠狠打击了金军的嚣张气焰。

避暑胜地——庐山

庐山，位于江西省九江市庐山区内，九江县以南，星子县以西，是世界级名山。庐山地处江西省北部，东偎婺源鄱阳湖，南靠南昌滕王阁，西邻京九大通脉，北枕滔滔长江，耸峙于长江中下游平原与鄱

■ 庐山落日风光

阳湖畔。

庐山多峭壁悬崖，瀑布飞泻，云雾缭绕。山体呈椭圆形，犹如九叠屏风，屏蔽着江西的北大门。以雄、奇、险、秀闻名于世，素有"匡庐奇秀甲天下"之美誉，与鸡公山、北戴河、莫干山并称"四大避暑胜地"。

巍峨挺拔的青峰秀峦、喷雪鸣雷的银泉飞瀑、瞬息万变的云海奇观、俊奇巧秀的园林建筑，一展庐山的无穷魅力。大江、大湖、大山浑然一体，雄奇险秀，刚柔并济，形成了江西罕见的壮丽景观。

■ 庐山风景

庐山是一座地垒式断块山，外险内秀。具有河流、湖泊、坡地、山峰等多种地貌。庐山奇特瑰丽的山水景观具有极高的科学价值和观赏价值。

庐山夏季凉爽，云海弥漫，良好的气候和优美的自然环境，使庐山成为世界著名的避暑胜地。庐山的主要景点有牯岭、汉阳峰、锦绣谷、仙人洞、秀峰、大天池、五老峰、庐山瀑布和庐山云雾等。

牯岭是庐山的中心，三面环山，一面临谷，是一座桃源仙境般的山城。牯岭原名牯牛岭，因岭形如一头牯牛而得名。

这座钟灵毓秀的山城，以牯牛岭为界分为东西两

鄱阳湖 是我国第一大淡水湖，也是我国第二大湖。位于江西省北部、长江南岸。鄱阳湖是白鹤及白枕鹤等珍稀水禽及森林鸟类的重要栖息地和越冬地。白鹤是我国一级保护动物，白枕鹤为我国二级保护动物。珍贵、濒危鸟类还有白鹳、黑鹳、大鸨等。

■ 庐山如琴湖

谷，地势平坦，峰峦葱茏，溪流潺潺。青松、丹枫遮天蔽日。近千幢别墅依山就势而筑，高低错落，潇洒雅致，点缀在万绿丛中，与周围环境十分和谐，为国内少有的高山建筑景观。

汉阳峰是庐山第一高峰。据说，在月明风清之夜，站在峰巅上，可观汉阳灯火，故名。汉阳峰峰巅上，有一方形石台，名为禹王台，为大禹治水登临处。每当晴天一碧，万里无云，登此台眺望，江汉倒悬，大有"一览众山小"之概。

汉阳峰南为紫霄峰、东北有小汉阳峰。西北乃一峡谷，系张性断层，是庐山较大的山谷之一，名"康王谷"，相传晋著名诗人陶渊明的千古佳作《桃花源记》中的"桃花源"就是以此谷为原型。谷的末端有一飞瀑，史载"谷帘泉"，传说诸葛亮见此瀑，大为惊叹。

锦绣谷是自天桥至仙人洞一段秀丽的山谷。相传为晋代东方名僧慧远采撷花卉、草药处。这里四季花开，犹如锦绣，故名。

北宋文学家王安石写诗道：

还家一笑即芳晨，好与名山做主人。

邂逅五湖乘兴往，相邀锦绣谷中春。

仙人洞为庐山著名景点之一，位于锦绣谷的南端，有参差如手的"佛手岩"。在佛手岩的覆盖下，一洞中开为仙人洞。洞高、深各约10米，幽深处有清泉下滴，称"一滴泉"。

洞中央"纯阳殿"内置吕洞宾石像，传说八仙中的剑仙在此修道成仙。每当云雾缭绕之时，骤添几分仙气。至清朝，佛手岩成为道家的洞天福地，便改称为"仙人洞"。

秀峰是香炉峰、双剑峰、文殊峰、鹤鸣峰、狮子峰、龟背峰、姊妹峰等诸峰的总称。鹤鸣峰下，原坐

洞天福地 是道教仙境的一部分，多以名山为主景，或兼有山水。认为此中有神仙主治，乃众仙所居，道士居此修炼或登山请乞，则可得道成仙。分而言之，"洞天"意谓山中有洞室通达上天，贯通诸山。

■ 庐山仙人洞

■ 庐山仙人洞

落着被称为"庐山五大丛林"之一的秀峰寺。秀峰寺原名开先寺，后康熙皇帝手书"秀峰寺"，从此改为秀峰寺。

大天池位于庐山西部的天池山顶，南望九奇峰，下俯石门涧，东瞻佛手岩，西眺白云峰。二水萦回，四山豁朗。此处原建有天池寺，现已废。但原寺前呈长方形的水池，仍碧水悠悠，光灵如玉。

昔天池寺，寺西有一半月形的拜月台，因供奉文殊菩萨而得名"文殊台"。现存之台为石木水泥混合结构，石室五楹，上有平台。

登台眺望，山峦凸起，群峰相连，远波明来，极富野趣。尤其是月色朦胧之夜，闲坐台上，眼前深谷中经常会出现点点如同灯光般的亮点，由少渐多，时大时小，时聚时散，时隐时现，闪闪烁烁，人称"佛灯"。

明代著名理学家王阳明就曾于一个月暗星稀的夜晚，卧此台上，看到了这样的奇异景象，并以诗纪之：

老夫高卧文殊台，拄杖夜撞青天开。

撒落星辰满平野，山僧尽道佛灯来。

天池山脊上耸立着一座宝塔,塔四周布满了漫山遍野的青松。微风起时,松涛起伏,它颇似一杆乘风破浪的船桅,荡漾在翠波碧浪之上。

塔为一阁式石塔,五层六面,建于宋建炎年间。塔西有一石质方台,名天心台,为林森所建。台下有硕大卧石,平滑如镜,上镌"照江崖"字样。

五老峰地处庐山东南,因山的绝顶被垭口所断,分成并列的5座山峰,仰望俨若席地而坐的5位老翁,故人们便把这原出一山的5座山峰统称为"五老峰"。

庐山瀑布主要由开先瀑布、三叠泉、碧龙潭、黄龙潭和乌龙潭瀑布等组成的庐山瀑布群,被誉为我国最秀丽的十大瀑布之一。

开先瀑布位于山南地区,是庐山最有名的瀑布。因这里原先有开先古寺而得名。瀑分两股,东瀑在双剑峰和文殊峰之间奔流而下,由于崖口狭窄,瀑水散成数绺,形如马尾,故称"马尾瀑"。

西瀑从鹤鸣峰和香炉峰之间的高崖上下落,气势雄伟,名香炉瀑。两瀑汇合于青玉峡,下注龙潭。

■ 庐山五老峰

■庐山瀑布

当年李白游览至此，仰观巨瀑如从天而降，心神激荡，触景生情，写道："日照香炉生紫烟，遥看瀑布挂前川。飞流直下三千尺，疑是银河落九天。"传诵千古，使瀑布声名益著。

碧龙潭瀑布位于庐山牯岭的重岩幽林中，也即王家坡瀑布。这个瀑布是在20世纪20年代初由一个砍柴的樵夫发现的，此后人们争相观赏，被视作山北绝胜。

三叠泉位于五老峰下部，飞瀑流经的峭壁有三级，溪水分三叠飞泻而下，落差共155米，极为壮观，撼人魂魄。三叠泉每叠各具特色。

一叠直垂，水从20多米的巅背上一倾而下。二叠弯曲，直入潭中。站在第三叠抬头仰望，三叠泉抛珠溅玉，宛如白鹭千片，上下争飞；如万斛明珠，九天飞洒。

碧龙潭的水来自梭子岗北麓，由于这里层岩叠石，水流一路逶迤环绕。在注入碧龙潭的上段，分成三屋挂瀑，而每层分为两条似白练般的悬瀑，连成数十米长，犹如双龙倚天，俯坠潭中。潭旁建有"观瀑亭"。在潭中还有一巨石横列，站在石上可东望鄱阳湖。

黄龙潭幽深、静谧，在古木掩映的峡谷间，一道溪涧穿绕石垒而下，银色瀑布冲击成暗绿色的深潭。静坐潭边，听古道落叶，宿鸟鸣涧，自然升起远离尘世、超凡脱俗之感。大雨初过，隆隆不尽的闷雷回荡在密林之中。

乌龙潭原由3个大小不一的潭渊组成，古书中记载："乌龙潭凡三潭，中、上两潭皆高数十百丈，下潭稍平夷。"至今只见一潭。潭水分五股从巨石隙缝中飞扬而下，短而有力，像是一把银锻的竖琴，在日夜拨动着琴弦。

庐山云雾景观是庐山一大奇景。由于庐山四面山岭耸立，南依鄱阳湖，北傍浩瀚的长江。大江大湖蒸腾大量不竭的水汽，形成滔滔的云雾涌向庐山，水汽一旦碰上空气中的尘埃，就成了小水滴。

数不清的小水滴就形成了美丽神奇的庐山云雾。因此山中云气出没无常，诸峰忽隐忽现。瞬息间云海密布，弥漫山谷，咫尺之间不能辨物。

庐山天桥

■ 庐山绝壁

当峡谷中向上吹的风力比水滴往下降的重力大的时候，水滴就随风往上飘了。这种"雨自下而上"的奇特现象就出现了。

春夏之交，由于水汽多，季风变换，群峰经常云遮雾罩，烟霞弥漫，天气忽晴忽雨，变幻莫测，云雾也诡谲奇特，变化多端，整个庐山隐现在虚无缥缈之间。

阅读链接

传说早在周威烈王时候，有一位匡俗先生，在庐山学道求仙的事迹，为朝廷所获悉。

于是，周天子屡次请他出山相助，匡俗也屡次回避，潜入深山之中。后来，匡俗无影无踪，有人说他成仙了。后来人们美化这件事把匡俗求仙的地方称为"神仙之庐"。并说庐山这一名称，就是这样出现的。

因为"成仙"的人姓匡，所以又称"匡山"，或称为"匡庐"。到了宋朝，为了避宋太祖赵匡胤的讳，而改称"庐山"。

东南自然名胜

我国东南部濒临海滨，山因水而巍峨，水因山而秀美；山有状而水无形，山有头而水无尽。山是静止的，水则奔腾不息；水是永恒的蔚蓝，山则色彩绚烂。山水相依才有了大自然的明丽娇媚。

我国东南部著名的自然名胜有罗浮山、西樵山、鼓山、清源山和鼓浪屿万石山等处，这些自然景区真是山清水秀，别有洞天，简直是人间仙境。

山明水秀——罗浮山

罗浮山位于广东省惠州博罗县长宁镇境内，又名东樵山，与南海县西樵山齐名，享有"南粤名山数二樵"的盛誉。我国十大道教名山之一，为道教十大洞天之第七洞天，七十二福地之第三十四福地，以

■罗浮山

黄龙大道

廣東省博罗县浮山黄龙古观

药市而闻名于世。

汉朝史学家司马迁曾把罗浮山比作"粤岳"。罗浮山是国家重点风景名胜区，拥有九观、十八寺、三十二庵。罗浮山横跨博罗县、龙门县、增城市三地，和位于佛山市境内的西樵山是姐妹山。

罗浮山的主峰是飞云顶，其山势雄浑，风光秀丽，四季气候宜人，是我国的"国家重点风景名胜区"和避暑胜地，被誉为"岭南第一山"。

北宋苏东坡曾在这里写下了名句：

> 罗浮山下四时春，卢橘杨梅次第新。
> 日啖荔枝三百颗，不辞长作岭南人。

从而使罗浮山闻名于世。

奇峰怪石、飞瀑名泉和洞天奇景构成了罗浮山的景色特点。罗浮山山峰众多，较有名的有飞云峰、铁桥峰、玉女峰、骆驼峰和上界峰等。其中飞云峰是主峰，因为高耸入云而得名。

罗浮山有多处飞瀑名泉，著名的有白漓瀑布、白水门瀑布、黄龙洞瀑布、白莲湖、芙蓉池、长生井，还有北宋文人苏东坡所推崇的卓锡泉等。

罗浮山有朱明、蓬莱、桃源、蝴蝶、夜乐等大洞天，有通天、罗汉、伏虎和滴水等小洞天，其中朱明洞是山上最大的洞穴。

罗浮山刚好处在北回归线上，属亚热带季风气候，雨量充沛，植物茂密，呈垂直分布变化明显。山顶是低矮的灌木林和草甸，山腰是灌木林和松木林，山底是常绿阔叶林。

据地质学家考证，罗浮山形成于8000万年以前，这一带地壳发生断层，花岗岩体受挤压而隆起。经过长年的风雨侵蚀，形成现在奇峰林立的罗浮山。

罗浮"三观"指登上飞云绝顶眺望3种壮丽景色，即日观、云观和

罗浮山风景

海观。

日观，要在五更才能见到精彩，罗浮与泰山一样面临大海，日从海上喷薄而出，先是红红弧光，接着金轮涌现，然后，万道霞光冲破云霄，格外璀璨。

云观，是傍晚夕阳西下时，红云一片，如血如虹，太阳渐渐退去，云霞透出金光，出现织绣云锦，亮丽至极。罗浮山无论天气阴、晴都有各种各样的飞云，常出现的有莲花云、墨云、彤云、流云、象形云，五色纷呈美不胜收。

海观，则要待雨过天晴时才够壮美，每逢大雨过后，必定风起云涌，白云聚集在山间，露尖的峰顶如大海中的小岛，远望云海茫茫，翻腾不息，好不气派。

罗浮山开发的景区有朱明洞景区、白鹤洞景区、九天观景区、黄龙洞景区、华首台景区、酥醪洞景区和飞云顶景区等。

朱明洞景区是罗浮山重要景区之一，主要景点有罗浮山门、白莲池、会仙桥、冲虚古观、朱明洞天、葛洪丹灶、洗药池、东坡亭、桃源洞天、飞来石、遗履轩、仙人卧榻、旷心亭等。

朱明洞景区内建有众多的凉亭，著名的有朱明亭、梅花亭、驻云亭、双燕亭、马山亭、东坡亭、麻

■ 罗浮山美景

洗药池 呈八角形状，面积约15。平方米，相传是葛洪和妻子鲍姑当年洗制中草药的地方。明末清初时期，洗药池被誉为南粤商贸四市之一的"洞天药市"。在洗药池的旁边有台湾爱国诗人丘逢甲的题刻："仙人洗药池，时闻药香发，洗药仙人去不返，古池冷浸梅花月。"

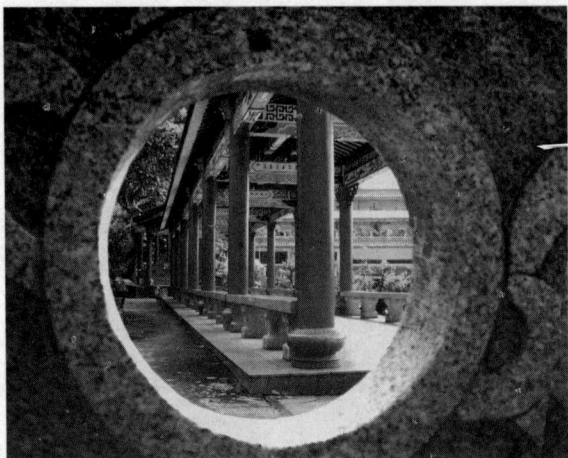

■ 罗浮山建筑

自然名胜

国家自然名胜风景区

姑亭、梦觉亭、旷心亭9个亭子。其中有纪念性的，当属为水光山色起画龙点睛作用的风景亭。这些亭子风格各异，构筑雅致，文化氛围浓重。

朱明洞洞门外右侧有一巨石，据《罗浮山志》中记载，苏东坡曾经在此获得6条铜鱼、1条铜龙的"朝斗坛"。这里是罗浮山吸引最多骚人墨客的地方。

从博罗长宁镇进入罗浮山，先到罗浮山门，门额"罗浮山"为著名书法家秦咢生所书。进山门有一白莲池，池中有桥，桥有湖心亭。

明朝祝枝山形容白莲池的莲花道："千万计，花过巨，叶大如盖，微风吹之，撼撼如玉石切磋之音。"

宋朝周敦颐游罗浮山时，坐卧池上不忍离去。

朱明洞天是罗浮山十八洞天之首，是道教第七洞天、第三十四福地。洞天是道教的称谓，"朱明洞天"原意为"朱明耀真之天"。

朱明洞天由象山、狮山、梅花山和马山环抱。前临溪涧，背依青山，林木参天，环境幽雅，仿如世外桃源，是罗浮山风光精华所在。

朱明洞天有呈拱形的洞门，坐北向南。门楣有

祝枝山（1460—1527），即祝允明，字希哲，号枝山，因右手有六指，自号"枝指生"，又称枝山老樵、枝指山人等。明朝长洲人。他能诗文，工书法，特别是其狂草颇受世人赞誉，流传有"唐伯虎的画，祝枝山的字"之说。与唐寅、文徵明、徐祯卿并称为"吴中四才子"。

楷书"朱明洞天"4个字。洞内大洞套小洞，有桃源洞、蓬莱洞、蝴蝶洞、清霞洞、两仪洞、泉源洞、梅花洞7个小洞天。

洞内有冲虚观、朱明亭、东坡亭、旷心亭等古建筑。还有遗履轩、仙人卧榻、飞来石、蓬莱径、洗药池、炼丹灶、白连池、会仙桥等名胜古迹。

白鹤洞景区在罗浮山东侧，因白鹤常栖此而得名。沿白鹤洞小溪，有五龙潭、水帘洞、八仙石、桃源洞、白花径、蝴蝶洞等古迹胜景。

九天观景区在朱明洞景区东面，地势平坦。景区内有九天观、梅花村、洗耳泉、石洞山房、逃暗记石刻、西华道院、钓鱼台等。

九天观位于冲虚观东，又名"明福观"。建于南汉，宋赐额。清乾隆年间修葺时改名"九天观"，今存建筑532平方米。

■ 罗浮山建筑

洗耳泉位于梅花村西的溪中，奇石纵横，一巨石上刻"洗耳泉"三个大字。明朝道姑罗素月诗"水疑天上来，声自云间起。耳根本无尘，对此何以洗"刻石上。

石洞山房位于洗耳泉西侧山坡。山房石有两扁石相抵，叫石门。相传是邝仙骑牛入石处。山房因官历巡抚、尚书、总督三边的归善进士叶梦熊曾居此读书，又叫"尚书房"。

黄龙洞景区位于罗浮山西南麓，玉女峰下，有景点黄龙观、涤尘桥、黄龙洞瀑布等。

黄龙洞位于罗浮山西南麓，玉女峰之下，是罗浮山著名的十八洞天奇景之一。黄龙洞原名为"金砂洞"。南汉主刘龑曾梦神人指点说："罗浮之西，有两峰相叠，一水对流，可以为宫。"遂派人寻访，果然找到并建天华宫。又梦黄龙起于宫中，故改名"黄龙洞"。

清代康熙年间，冲虚观道士张妙升到黄龙洞开创了崂山派的独立道场并取名为黄龙观。香港道教青松观长侯宝垣先生耗资巨额重建黄龙观。重建后的黄龙观雄伟壮观，金碧辉煌，成为华南一带道教全真龙门派占地和建筑面积最大、宗教文化氛围最浓的主要道观之一。

涤尘桥位于罗浮山黄龙观黄龙瀑布口的崖顶山谷，桥头石刻篆书

自然名胜

国家自然名胜风景区

■ 罗浮山美景

■ 罗浮山庙宇

"涤尘桥"。从冲虚观沿古径上黄龙洞口，须过"涤尘桥"。涤尘，是说要入黄龙洞仙境，必须先在溪流洗去凡尘，才能过桥。

华首台景区位于罗浮山西南麓，有华首寺、飞云溅雪、朝元洞、接仙桥等景观。

华首寺也叫华首台，它位于罗浮山的西南面。华首寺建于唐开元年间，距今已有1200多年的历史。据说当年有500真人会集此地而得名华首寺，明万历年间，罗浮山香火旺盛，有十八寺，而华首寺被列为"第一禅林"。

华首寺主要佛教建筑有望海观音、天王殿、万佛塔、大雄宝殿和五百罗汉堂等。华首寺不仅佛教历史悠久，而且自然景观和摩崖石刻也数不胜数，最有代表性的摩崖石刻是"岭南第一山"和"闻钟发省"。而最负盛名的自然景观是"飞云溅雪"瀑布和千年银链古树。

会仙桥是华首台景区的主要景点，它是一座单拱石桥，面为青麻石条砌成，柱头均雕有花纹承四方体。

相传苏东坡到罗浮山，酒后巧遇一村姑，诗兴起，吟道："寻

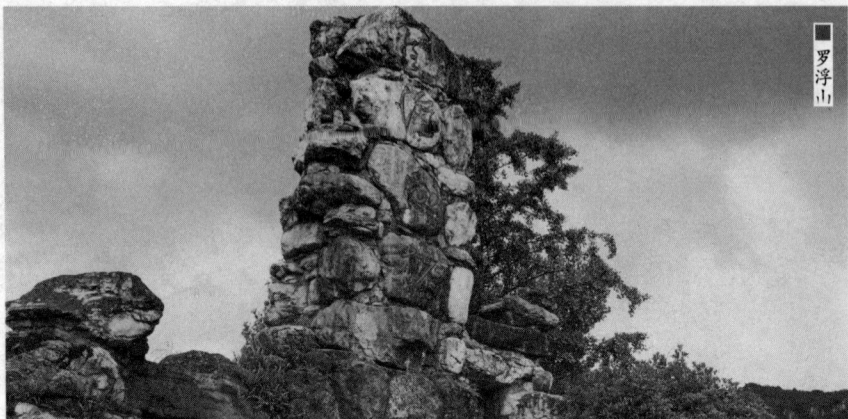

幽探胜入罗浮，乘醉策杖觅归途。雨后山花香更美，村姑回眸胜仙姑。"

待苏东坡回头看时，却突然倾盆大雨，溪水暴涨冲走了回去的木桥。苏东坡方知是遇到了仙姑，此后，人们把此桥叫作"会仙桥"。

酥醪洞景区位于罗山北、浮山南的深谷之中，形如釜底，又称"神仙古洞""山中蓬莱""世外桃源"。洞中名胜古迹有酥醪观、逍遥台、松荫亭、小蓬莱、白水门、拨云寺、忘机石、七娘潭、煮石处和凝碧潭等。

酥醪洞在罗山北面、浮山南面的深山幽谷之中，被称为"神仙古洞"和"洵栖灵之奥区、修养之福地"。而酥醪观是洞中的佳境，后倚青山，前临荷沼、旁有两山，左台右亭十分壮观。

飞云顶景区大都是在海拔500多米的山上，最高峰是罗浮山的顶峰。白天登上飞云顶，罗浮山美景，尽收眼底。

洞天奇景是罗浮山最具道教文化特色的景观。这里指的洞并非洞穴，是由几座山峰和一些古树自然环抱而成的小天地，道教称之为洞或洞天。洞中清静幽香，泉水淙淙，古木森森，鸟语花香，蝉鸣蝶舞，景色迷人。洞景最佳的有朱明、华首、白鹤、黄龙和酥醪等洞。

众多的道家洞天，是历代神仙道士修炼的"洞天福地"，也是文人墨客神往并为之倾情的地方。

　　白鹤观位于冲虚观西，创建于东晋，原是葛洪修道的东庵，因此地常栖白鹤而改建为白鹤观。观前右侧喷泉水池有巨石，上刻"第七洞天"。

　　放生池位于白鹤观前，半月形。池内有隶体石刻"源泉"。《罗浮山志》记载："唐玄宗命天下州郡皆置放生池一所。"放生是释放鱼鸟等动物，以示有恩。后来善男信女遂将放生奉为善举。

　　洗药池成八角形状，相传是葛洪和妻子鲍姑当年洗制中草药的地方。葛洪在罗浮山修道炼丹，采药治世，广集验方，著作有《抱朴子·仙药》内外篇、《肘后备急方》等。

　　葛仙祠供奉着葛洪和鲍姑。葛洪，字稚川，号抱朴子，丹阳句容人。葛洪13岁丧父，生活贫寒，自幼好学，徒步到各处借阅书籍。上山砍柴购买纸笔，夜间常以柴火照明，读书抄录。

　　葛洪知识渊博，撰写的著作很多，又善于辩论玄理，分析得非常精辟细致。葛洪居山积年，优游闲养，笔耕不辍，著述极丰。

■ 罗浮山精美建筑

他继承并发展了早期道教的神仙理论，整理了当时流行的各种炼丹术，总结了自己在研制金丹过程中所积累的丰富经验，撰写而成《抱朴子·内篇》一书，既确定了我国的道家理论体系，又丰富了道教的思想内容，从而使罗浮山逐渐成为岭南道教名山。

其夫人鲍姑，是东晋南海太守鲍靓之女，精通针灸，善于以"越井冈艾"治疣瘤诸疾。据史料记载鲍姑得尸解之道，与葛洪一同登仙，葬于罗浮山石子冈。

梅花山位于罗浮山朱明洞景区大门的左侧，是罗浮山最大的赏梅之处。每年十二月起，千棵梅树枝头绽开簇簇香雪白花，傲寒盛放，与罗浮山这神仙洞府和青山绿水相辉映，令人流连忘返，乐不思归。

阅读链接

遗履轩位于飞来石上方，又称"双燕亭"。

据传，东晋时，冲虚观道士黄野人日随师葛洪左右，入夜却不知师去向。道士一早晨清扫山道，听见葛洪与其岳父鲍靓高谈阔论。

往前一看，见一对燕子飞出，声音消失。观察数日，情况都一样，便约小道士伏在岩下观看，发现鲍靓的一双靴子，后人在此建亭纪念。

绿色翡翠——西樵山

　　西樵山位于广东省佛山市南海区西南部，是一座古火山，是新石器时代珠江三角洲主要采石场和石器制作场，山势蜿蜒、钟灵毓秀，奇石异洞散落其间，名胜古迹举目皆是，自古便有"南粤名山数二樵"之誉，被称为"珠江文明的灯塔"。

■西樵山观音像

■西樵山观音像

自然名胜

国家自然名胜风景区

西樵山自然风光美不胜收，山上七十二峰，峰峰皆奇，四十二洞，洞洞皆幽，更有湖、瀑、泉、洞、岩、壁、潭、台点缀其间，成为这座熄灭了亿万年的死火山的旷世佳作。

西樵山林深苔厚，郁郁葱葱，洞壁岩缝，储水丰富，古人赞之为"谁信匡庐千嶂瀑，移来一半在西樵"，今人称之是"绿色翡翠"和"固体水库"。

白云洞位于西樵山西北麓，创建于明代，是西樵山三十六洞之一，现名樵园。园之周围峭壁凌空，飞泉吐玉，亭台楼阁掩映于苍松翠柏之中。樵园后山有天湖、云路村、丹桂园等景点，东麓有石燕岩、冬茹石、响水岩等胜景。

白云洞景区融二十四景为一体，而其间古代建筑掩映，错落有致，白云古洞，峭壁天成，形似空中舞台的逍遥台也会让您流连忘返。每当夜幕降临的时候，白云洞景区又是一个迷人的世界，华灯璀璨的夜公园，为名山美景披装挂彩，锦上添花。

南海观音文化苑坐落于南海市西樵山大仙峰顶，由南海观音主体法相、圣境汇芳、福寿莲池和环海镜清组成，系西樵七十二峰之一，左右分别为双马峰和马鞍峰，背枕西樵最高峰大仙峰。

观音法相为坐姿，顶有宝珠天冠，项有圆光，弯眉朱唇，眼似双星，目光微俯，披天衣，挂璎珞，戴项饰，着罗裙，慈眉善目地稳坐在莲花台上，广视众生，显现安详凝重，救苦救难的慈悲法相。

观音法相莲花座外部镶嵌上下三层莲花瓣。法座内部是蔚为壮观的五层大厅，陈列众多的观音文化艺术品及功德林等。莲花座四面环水，有四桥通达，寓意四方净土，八方德水，四边皆道之佛境。

宝峰寺有着600多年的历史，为南粤四大名寺之一。自晋代佛教东传，在西樵山建寺弘法的高僧就很多，到了明代香火鼎盛，宝峰寺得到惠连法师兴教弘法，颇有名气。

该寺建于明朝，后重修。宝峰寺重建在西樵山石牌村蛇岗，寺之中轴线上建山门和大雄宝殿，两边分别建钟楼、鼓楼、观音殿、地藏殿、文殊殿、普贤殿，并建方丈楼和僧舍。

宝峰寺的第一殿是天王殿。一进殿，首先见到的一尊满面笑容、大肚的弥勒佛，也称"笑佛"。弥勒佛背后，就是身披铠甲，手持金刚杵，威风凛凛的韦驮菩萨，又称"韦驮天"。

两旁还有4尊大佛像，称为"护世四天王"，即我们平时所说的"四大金刚"，代表风调雨顺的意思。

宝峰寺的大雄宝殿为主要大殿，供奉着三宝佛，分别为释迦牟尼佛、药师佛和阿弥陀佛。释迦牟尼佛左边的是大迦叶尊者，右边的是阿难陀。

■ 西樵山寺庙牌坊

朱次琦（1807—1881），字稚圭，号子襄，世称九江先生。服官山西，归里后，讲学九江礼山草堂，康有为、简朝亮等均其高足弟子。著有《宝凤阁随笔》《国朝名臣言行录》《国朝逸民传》《性学源流》《宋辽金元明五史征实录》等，都很有学术价值。

在大雄宝殿的左右两旁有两座殿堂，左边的是普贤殿，里面供奉的是普贤菩萨，人称"大行菩萨"。右边文殊殿，里面供奉的是文殊菩萨，人称"大智菩萨"。在文殊殿后建有斋堂，里面有各式各样、美味可口的斋菜可供人们享用。

云泉仙馆原为玉楼书院，后被改建为道观，依山借势而筑，画栋雕梁，清雅别致，宛若仙宫。

云泉仙馆为二进歇山顶建筑，主要有前殿、钟鼓台、祖堂、墨庄、帝亲殿和后殿厢房等。殿前置有两根石华表，石狮一对。

其两侧建护墙，壁上饰狮子、凤、鱼等浮雕和六骏图、百鸟朝凤壁画。殿门左右为钟鼓台，前殿有券顶迪廊和厢房，设中门，后有放生池，后殿为赞化宫，奉祀吕洞宾。

■ 西樵山奎光楼

三湖书院是康有为戊戌变法的摇篮。西樵山书院盛于明、清两个朝代，共有6间书院。如今只剩下康有为曾读过书、最为出名的三湖书院。

书院建于清乾隆年间，因为居于应潮湖、鉴湖、会龙湖之间而得名。

"三湖书院"的门匾是民族英雄林则徐书写的。1878年冬，年仅21岁的康有为对国家的前途和命运深感忧虑，遂离

■ 西樵山观音像

开岭南儒学大师朱次琦，来到三湖书院苦读。"秋风每赋感知己，记得樵山花又红。"

康有为在这里遇上了人生知己、时任翰林院编修的张鼎华，才有机会走出三湖书院，发动了轰轰烈烈的戊戌变法。

字祖庙供奉的是中华文字的创造者仓颉，奎光楼供奉的是开文运点状元、我国古代文学二十八宿之一的魁星神。魁星一手捧斗，一手执笔，用笔点上谁的姓名，谁就会高中状元。

这两座文星楼均建于清乾隆丁酉年间，两楼建好后，每逢学子进京赶考、小孩儿入学启蒙都要来此参拜两位文星，举行开考和启蒙仪式。自此，西樵文运畅通、科举昌盛，举人、进士不断。

黄大仙圣境园，集道教文化、岭南建筑艺术和自然景观于一体，是信众祈福朝圣的道教圣地。

黄大仙师为浙江金华人，生于328年，少时牧羊，后修炼得道而成仙，自号赤松子。他劝人积善，悬壶济世，授人药方，除病解困，深受人们爱戴。

康有为（1858—1927），又名祖诒，字广厦，号长素，又号明夷、西樵山人。人称"康南海"，清光绪年间进士，官授工部主事。他出身于仕宦家庭，乃广东望族，世代为儒，以理学传家。他是近代著名政治家、思想家、社会改革家、书法家和学者。著有《康子篇》《新学伪经考》等。

天湖是西樵山西北面一个火山口湖，三面翠峰围抱，湖水澄碧。环湖公路整洁，湖旁花木楼阁点缀，景趣天成，是人们观光、泛舟待月的好去处。

湖的北面，一座水月轩浮于水中，飞檐傍云，扁舟偎荡。东西两岸分别点饰着抱龙亭、龙珠亭、倚天亭、伴云亭、待月亭和鸳鸯阁等富于民族特色的建筑。湖的东面有九曲桥穿过，似玉龙卧波，又像安在绿盘上的一根琴弦。

石燕岩景区在西樵山东南部，其主体景观为古采石场留下的遗址。石燕岩是该景区的精华，也是古采石匠留下的杰作。

洞口扁圆如唇，内进宽广，可容千人。洞分内外两层：外洞高约数丈，洞壁凝珠含霞，虽6月而凉气袭人；内洞现已蓄水成湖，设有游艇专供游人探幽访奇，水洞中有巨石两块，一为"水上汽车"，一为"七彩牌坊"，造型惟妙惟肖，令人叹为观止。

九龙岩景区在西樵山的西南部。著名景点有四方竹园、宝峰胜处、春风亭、石竹园和紫姑庙等。其中四方竹园以遍植四方竹而闻名。宝峰胜处草坪广阔，绿草茵茵。九龙岩石壁曲突蟠屈，岩孔高低偃仰，人从外孔钻入，如螺旋前行，十分刺激，最后可从崖顶通天岩钻出。

■ 西樵山景观

四方竹是国家重点保护的珍贵观赏植物，呈圆角正方形，握下去有明显的方形感，叶狭长，有明显的节。它是西樵山特有的，如迁离本园，不出3年，竹身便会恢复圆形。这种竹子比一般的竹子要细一点，矮一点。在竹园里面，还有许多竹子，比如罗汉竹、菩萨竹等。

西樵山四方竹

西樵山桃花园是珠三角最大的观赏性桃花园，其面积400多亩，种有各种桃花4000余棵，品种上百种，有不少还是名贵品种。

在桃花盛开时，红的灿若红云，白的如雪晶莹，满山红遍，景色优美。最为名贵的是一种叫清枝密伦的白桃花，只有10棵，晶莹剔透，冰清玉洁，花香袭人，妖媚妖娆，是名副其实的桃花仙子。

阅读链接

西樵山历史上就有农历正月二十六观音开库的记载，开库民俗已经流传了上千年。传说有一年大旱，西樵山上百姓几乎颗粒无收。春节后，家家户户断粮停炊。正在百姓饥寒交迫之际，农历正月二十六，西樵山来了一位美丽的姑娘。她背着一个不大的米袋和钱袋，逐家逐户派米、派钱，救济百姓。

救济完百姓后，已经是黄昏时分，女子面带微笑，向山上村民挥手告别。此时，女子变成一位法相庄严的菩萨合掌微笑。大家这时候才明白这名美丽女子是观世音菩萨化身，前来救苦救难。

传说观音菩萨于每年农历正月二十六都会在西樵山大开金库，每逢观音开库日，四方百姓都会上西樵山参拜观世音菩萨，祈求新一年风调雨顺，国泰民安，丰衣足食，财源广进。

左海小庐山——鼓山

　　鼓山位于福建省福州市东郊、闽江北岸，是福州市最著名的风景区。鼓山山上胜迹众多，林壑幽美，引人入胜。

　　鼓山景区以古刹涌泉寺为中心，东有回龙阁、灵源洞等景；西有洞壑数十景，其中以十八景尤著；南有罗汉台、香炉峰等；北有大顶峰、白云洞等。这些景点主要由花岗岩经长期剥蚀、风化、崩塌、堆

■福建鼓山风景

■福建鼓山瀑布

积而成，千姿百态，构成蟠桃林、刘海钓蟾、玉笋峰、八仙岩和喝水岩等自然景观。

登山古径是古时登鼓山之道。从山麓下院登上2000多级台阶，经过"七亭七里路"就可到达涌泉寺山门。

第一亭是"东际亭"，过廨院即是东际桥，桥上过亭就开始登山。上99级石阶至"仰止亭"。此后途中岩石上有诸多字刻可观。

第二亭是"石门亭"，由于此处溪水淙淙不绝于耳，故古名为"听涛观瀑亭"。

第三亭"乘云亭"，沿道有石刻"乘云""仰涛""小鼓""天风吹梦""风怒涛飞"等。

第四亭叫"半山亭"，由第三亭至此，共有494级台阶，亭在半岭，故名。过此亭百余阶，有石刻"路通仙苑"，转小径可达"十八洞景"。"半山亭"后有石刻"桃岩洞口"，往东可到桃岩洞，桃花精舍。

第五亭是"茶亭"，因亭附近有茶园而得名。道边有石刻"欲罢

■ "天风吹梦"石刻

蔡襄（1012—1067），字君谟，宋天圣八年即1030年进士，历任知谏院、枢密院直学士、翰林学士、三司使等职，出任福建路转运使，泉州、福州、开封和杭州府知事。学识渊博，书艺高深，宋代素有"苏、黄、米、蔡"四大书家的说法。

不能""宜勉力"等。据说清乾隆时福州知府李拨登山至此，气喘吁吁。往上走，力有不逮；往回走，心不甘愿。遂题字"欲罢不能"于亭旁大石上。

第六亭是"松关亭"，附近有石刻一笔"寿"、一笔"龙"、一笔"虎"，还有文天祥所书的"忠、孝、廉、节"等。

第七亭是"更衣亭"。过"松关亭"几十步即是。传说闽王当年上山入寺在此更衣。登山至此，汗流浃背，而高处生寒，正需更衣、添衣。

摩崖题刻是鼓山的一大特点，比比皆是，其中不少是历代名人的题刻。据统计，鼓山的摩崖题刻不下300余处，宋代的题刻就达100多处，这说明早在宋代，鼓山就是文人达官赏览胜景的所在。

现存题刻最早的是灵源洞东壁1046年蔡襄等人的题名，其文道："邵去华、苏才翁、郭世济、蔡君谟庆历丙戌秋八日游灵源洞。"

蔡君谟即蔡襄，时任福州知州。蔡襄是宋代四大书法家之一。在一处壁上刻有"忘归石"3个大字，笔力遒劲，也是蔡襄所书。蔡襄的这些题刻，被认为是书法艺术的珍品。

南宋著名理学家朱熹也在鼓山留下了字迹，大顶峰磐石上的"天风海涛"4个大字即为朱熹所书。朱熹还写了一巨大"寿"字刻在喝水岩石壁上，是福建摩崖石刻中少见的大字。

清朝道光年间诗人魏杰，根据这里的自然景物和民间传说，整理编写成《十八景》，刻于达摩洞外的一面岩壁上，它们分别是达摩面壁、南极升天、仙猿守峡、古鹤巢云、仙人巨迹、福寿全图、蟠桃满坞、玉笋成林、蚁蜒渡潮、渔灯普照、狮子戏球、金蟾出洞、伏虎驮经、神龙听法、铠甲卸岩、慈航架壑、八仙岩洞、千佛梵宫。

倚靠木质栏杆极目远眺，榕城夜景尽收眼底，阵阵凉风吹来，令人仿佛置身仙境，这是鼓山十八景新

■ 鼓山摩崖题刻

鼓山灵源洞

建的观景台。观景台建在鼓山上，与姐妹楼毗邻，采用进口铁杉经防腐处理搭建而成，古色古香，结实美观。

涌泉寺山门东边，有一石砌拱门，上书"灵源深处"。傍崖而下石阶，中裂一涧，又似石洞，故名"灵源洞"。因为有"喝水岩"石刻，这一带又统称"喝水岩"。

白云洞位于鼓山西北风池山西侧，因洞在海拔700多米处，常常是"白云混入、咫尺莫辨"，故称"白云洞"。

磨溪景区位于福州市鼓山东侧快安村。原名龙溪，发源于鼓山，因水源丰富，清道光年间全盛时沿溪处处磨坊，故名"磨溪"。

溪水时而曲折迂回，时而直泻而下。"人在石上走，水在石下流。"溪中大大小小岩石，被溪水冲刷得干干净净，不停的流水随着不同落差，发出各种响声，有琴声、锣声、鼓声等。尤其龙潭深邃，水色透明，泉水从高处落下，响声更加清脆。

顺溪进山，两山对峙，东边山上高山寨和茶园像是世外人家。对岸溪中一岩石宛如一顶纱帽，其上一棵榕树，枝叶茂盛，叫"纱帽潭"。东边另一条小溪，泉水不断地从高山寨流下，经过重重叠叠岩层，构成优美的画面。磨溪西侧，路旁有一组岩石构成的山洞，上刻"龙溪古迹"。洞口上方刻有"无为而成"。

横穿过磨溪，一条小路可上山坡，路旁一块岩石像青衣学士拱手溪边，岩石上刻着"南宫拜石"。溪旁还保留一块磨盘石，这是从前放水轮车的地方。后来这里修起了拦水坝，成为一个小水库。

如今，磨溪已成为福建省最成熟的户外自然岩壁攀岩场，可以说，福州磨溪景区是全国为数不多的成熟天然攀岩场所。

涌泉寺位于鼓山之上，仍保持着明清的建筑风格。寺依山偎谷，槛廊连缀，25座大小殿堂簇拥着大雄宝殿。大雄宝殿巨柱耸立，飞檐凌空，雄伟辉煌。殿内释迦牟尼三世佛不着梵服，只披汉装，端坐其中；两旁十八罗汉神态各异，法相庄严。

在大殿后侧，有尊"三圣像"。像前有一张桑丝木制成的长桌，据说历经多次火劫，至今仍完好如初，被称为"镇寺之宝"。

涌泉寺曾为我国寺院的一所重要经书出版机构，现在仍保留有明

■ 鼓山涌泉寺大门

涌泉寺观音塑像

末清初及近代的各种雕版20000多块。寺内的藏经殿，存有古版印刷的各类佛经，手抄经书及用血书写的《大乘般若波罗蜜多经》。

藏经殿正中有一座释迦牟尼灵牙舍利宝塔，塔中仅存3颗舍利子与佛牙。在塔的背后安放着一尊缅甸送来的汉白玉卧佛像，佛身匀称，体态安详，作睡卧状，据说这就是释迦牟尼圆寂时的形态。现放生池内放养着上百只乌龟和红鲤鱼。放生池内还塑有一尊高大的滴水观音菩萨石雕像，观音手中圣水瓶可流出圣水。

阅读链接

传说很久以前，鼓山原叫"白云峰"。有一天，天空忽然乌云密布，云层中窜出一条恶龙，闯进山上的灵源深洞，从此祸害不断发生。村上有一对平时练武的年轻夫妇，他们见恶龙出洞，为了保护乡亲，丈夫挥动日月宝刀，妻子掣起鸳鸯宝剑，朝着恶龙猛扑过去。

就在这时，那位挥剑的妻子生下一个男孩儿。恶龙饿得慌，正要扑吃婴孩儿，突然天外传来喝声："休得作孽！"

恶龙抬头一看是南海观音，连忙逃进了灵源洞。

观音要赶着赴蟠桃会，无暇停留，只好抱着小孩儿匆匆走了。不觉23年过去了，小孩儿皈依佛门，法号神晏和尚，当了雪峰寺住持。

神晏来到白云峰时，到处是荒山秃岭，一阵风过，山上岩石咚咚作响，因此白云峰后来被人们称为"鼓山"。

胜景天成——清源山

清源山位于福建省泉州市北郊，是闽中戴云山余脉，峰峦起伏，岩石遍布，盎然成趣，多处胜景天成，为泉州四大名山之一。

清源山是泉州十八景之一，与泉州市山城相依，相互辉映，犹如名城泉州的一颗璀璨明珠，闪烁着耀眼的光芒。

清源山景区牌楼

■ 道教圣地清源山老君造像 位于福建省泉州市丰泽区清源山风景名胜区主景区内，为全国重点文物保护单位。老君，即老子，道教尊他为道教教主。石像是宋时用天然岩石雕成。老君坐态端庄慈祥，前额有皱纹数道，秃顶，两眼平视，鼻梁凸出，双耳肥大，长髯飘拂。身披长褂，衣褶刻纹清晰柔和，屈足着靴，两手平放于膝盖上。像高5.1米，造形、刻工均甚精巧。是我国现存最大的道教石雕。

清源洞是清源山风景名胜区的主要景点之一。清源洞位于清源山顶峰，系清源山三十六岩洞之首，时人称之为"第一洞天"。清源洞始建于南宋绍兴年间，有观空楼、佛祖殿、裴仙祠等建筑。

相传南宋绍兴年间，有裴道人因追赶一条伤害生灵的巨蟒到此，见巨蟒遁入洞中，遂覆以石，坐化于洞口，使巨蟒不能复出为祸，故此洞又名"裴仙洞"。洞顶岩石，山藤攀挂，古色苍然。

清源洞下方不远处，有明代抗倭名将俞大猷题刻。清源洞的左峰，也称东岩。其旁是遵岩，因唐代僧人可遵居此故名。可遵建有三塔，遗址尚存。

清源山属花岗岩地貌的山地丘陵，地势起伏、岩石突兀。地质结构是通过多次构造运动和岩体侵入所形成的，岩体外部呈黑褐色，岩层节理不发达，成土因质以坡积物居多，土壤为温润型；冬暖夏凉，气候

■ 清源山上的仙人石

温暖湿润。

百丈坪也称遵岩、星台岩。位于清源洞东南。明嘉靖初，少年王慎中曾在此读书，后登进士，为"嘉靖八才子"之首。明万历间，泉州太守姜志礼书"百丈坪"3个大字，十分壮观。

百丈坪坦平宽广，临风远眺，近山远水，无限空阔。晋水、洛江汇注东海，如双龙入海，气势非凡，每每红日东升，霞光万丈，气象万千，令人心旷神怡，美不胜收。

老君造像被列为全国重点保护文物，是我国道教石刻中独一无二的艺术瑰宝。老君造像原先有一座高大的道观围护，规模宏伟的真君殿、北斗殿等道教建筑颇为壮观，后来道观被焚毁，老君岩便露天屹立，与大自然混为一体。

俞大猷（1503—1580），字志辅，号虚江，一生军伍40余年。因抗击倭寇，抵御外侮，功勋卓著，威名远扬，累官都督，与戚继光同为抗倭英雄，史称"俞龙戚虎"。

■ 清源山古榕树

　　老君造像是我国现存最大、雕技最绝、年代最久的道教石雕造像。最令人喜爱的是，石刻老君的神态和蔼可亲，目光深邃而睿智，满脸笑容，豁达大度，平易近人，充满了一种温馨的人情味，一点也没有道貌岸然、威严凌厉的神仙架势。那襟怀坦荡，笑口常开的神情，让人感到可亲可近。

　　千手岩又名"观音寺"，它是因为供奉观音像而得名。千手岩处在清源山的左峰，寺宇红墙素瓦，显得格外清新。大殿正中靠后供奉的是宋代石雕佛教创始人释迦牟尼坐像，石像工艺精湛，惟妙惟肖，是清源山宋代石雕艺术佳作之一。

　　石像前的千手观音塑像慈眉善目，神态极佳。两旁壁上的十八罗汉画像，神态各异，有呼之欲出之感。千手岩寺中常年暮鼓晨钟，香火不绝，寺前苍松翠柏，峰石嶙峋，别有一番情趣。

　　弥陀岩是清源山的精华之一，这里有流泉飞瀑、古树名木和庙宇石刻等自然景观和人文景观。清澈的泉水从50米高的陡壁上泻落，在青石上飞珠溅玉，充满了诗情画意，把人间的凡尘俗念荡涤殆尽。

在瀑布旁的这一棵由古榕和重阳木合抱成一体，造型奇特的附生树，如情深意笃的"天侣"，故美其名曰"天侣呈瑞"。看着它们如此亲密无间，如胶似漆，令人既惊叹又不由地浮想联翩，不少的文人墨客说它他是陈三五娘留在故乡土地上的化身。

进入山门，闻得弥陀瀑布，空谷传声，只见飞瀑如练，从峭壁上凌空而下，卷起千堆雪，溅落万斛珠。弥陀岩的仿木石构石室，建于元顺帝年间。室内的元代石雕阿弥陀佛立像，就天然崖壁雕琢而成，头结螺髻，足踏莲花，左手齐胸，右手下垂，造型端庄大方，慈祥和善。

石室的上方，沿寻佛经拾级而上，在陡峭的石壁下，有清乾隆年间福建陆路提督马负书手书的"佛"字石刻，被誉为闽海第一佛；著名书画家黄胄所书的

陈三五娘又名"荔镜记"，是我国福建省经常上演的传统剧目之一。主要剧情为：福建泉州人陈三，送兄嫂往广南上任，路过广东潮州，在元宵灯会上与富家女子黄五娘邂逅相遇，互相爱慕。由于受到阻挠，最后双双私奔。

■ 清源山景区木桥

"拜观"二字摩崖石刻，更是熠熠生辉，蔚为壮观。

石室前左侧的崖壁旁，有一巨石耸立，榕树攀升，古人镌有一啸台、云谷等石刻，人立其上，大有飘然欲仙之感。极目远眺，晋水透迤，双塔凌空，古城新姿，尽收眼底。

石室的右下方大平台，是重建后的弥陀岩寺，寺中有大殿五观堂等，大殿为单檐歇山式建筑。殿内供奉阿弥陀佛、观音菩萨和大势至菩萨，为脱胎饰金佛像。

三世佛并排结跏趺坐于仰覆莲花座上，主像高些，左右两像稍低。佛像保存完好，皆为吐蕃式样：佛发螺髻，上置宝严。面相上宽下窄，双耳垂肩，肩宽腰细，均着袒右肩袈，并以袈裟一角搭于左肩上。衣纹用凸雕线条表示，虽历经沧桑而线条依然明显。石像均有圆形头光及身光。

中尊为释迦像，又称现在佛，主司现在的世界，其造像作触地印之魔相，一手向下抚地，一手向上。

左尊称为药师佛，即过去佛，主管过去的世界。他也是一手向下，一手向上，只是左掌托钵。

清源山元元洞天入口

右尊叫弥陀佛，是未来佛，作施定印之禅定相，即双手交叠置于腹部。险要的地势，精湛的技术和迥异的形状，无不让参观者啧啧称奇。

南台岩则如"空中楼阁"，巨石高耸，视野旷远，左挹大海，右带金溪，晋水横波，古城在抱，紫帽凌霄峙其前，东西两塔拜其下，是"山海大观"意境区中一处妙夺天工的奇景。

1952年在清源山风景名胜区弥陀岩西侧兴建"弘一大师之塔"，塔内安放着大师的舍利子。石塔建筑材料取材于驰名的泉州白花岗岩，经过精雕细作，使整座石塔具有闽南地方仿木石构的建筑特色，塔内顶部为蜘蛛结网的藻井仿木斗拱结构，层层叠起，以增大塔内的空间效果。

弘一大师舍利塔左侧摩崖上有中国佛教协会原会长赵朴初"千古江山留胜迹，一林风月伴高僧"的石刻。右侧为曾任新加坡佛教总会主席广洽、广净法师舍利塔。

由于弘一大师在美术、金石、书法、音乐、佛学等方面的高深造诣，因此与太虚、印光并称为近代三大高僧。他流传在泉州的墨宝甚多，舍利塔前的"悲欣交集"系其生前最后遗墨。

清源天湖既是蓄水工程，更是景观工程。大坝雄伟壮观，水面波光粼粼，湖畔山峰林木倒映湖中，蓝天白云，湖光山色，交相辉映。

瑞像岩是清源山风景名胜区"幽谷梵音"意境区内的主要景点之一。矗立在天柱峰上的瑞像岩石室，创建于宋元祐二年也就是1088年，初为木构，1483年间改为仿木石构建筑。

石室内的宋代石雕释迦瑞像，以天然崖壁雕琢而成，作立状。佛像庄严大方，端庄慈祥，雕工精湛，是我国古代建筑和佛教石雕艺术的重要实物资料。

与天柱对峙的罗汉峰，怪石嶙峋，千姿百态，犹如一尊尊威武的罗汉，惟妙惟肖，栩栩如生，构成"五百罗汉"朝释迦牟尼的神奇景观。

穿过石室左侧的崖洞，豁然开阔，只见3块巨石恰似3条大蟒蛇，伸头出洞，故谓"三蟒出洞"。古时在山崖的平台处，建有"望州亭"，可俯瞰古城胜景。崖壁上显眼的"忘归"石刻二字，道出了如此美妙的自然景观和人文景观，使人流连忘返。

清源山景区见龙台

灵山圣墓是我国现存最古老、最完好的伊斯兰教遗迹，在清源山风景名胜区灵山景区内。

据明代何乔远《闽书》记载，唐武德年间，穆罕默德遣四贤徒来华，一贤传教广州，二贤传教扬州，三贤和四贤传教泉州，两人卒葬灵山。

墓上刻伊斯兰教常用的"云月"图案或《古兰经》片段。墓前放有一天然巨石，风吹欲动，手推能晃，故称"风动石"，明代泉州知府周道光题刻"碧玉毬"3个大字。

碧霄岩分为上、下碧霄。从入口处仰视，碧空如线，又称"小有天"，洞旁的岩壁上刻有"透碧霄"3个字。由洞口顺梯而下，便进入下碧霄。

清源山景区灵谷塔

这里有元代藏传佛教 "三世佛、碧霄岩"石雕造像，南侧有"广钦老和尚塔院"，塔内安放着老和尚的舍利子。在塔院上方的摩崖上，雕刻有"广钦老和尚坐禅伏虎"浮雕，更具神奇的色彩。

阅读链接

神话传说老君是天宫中的老顽童，常常趁天庭无事时偷偷溜出去欣赏人间的风光。

一天，老君又偷偷溜到人间来到泉州清源山观景。当他被如诗如画的山景完全陶醉时，看见一个大火球朝人们扑去。老君使出了绝招，猛打了一通，将火球打回原形逃之夭夭了。

他为了火精不再来骚扰人民，便舍身化成一尊神像，守镇清源山脚下，清源山的人们十分感谢敬佩老君，便将这座神像称作"老君岩"。

海上明珠——万石山

　　鼓浪屿万石山风景名胜区主要包括海域、鼓浪屿、万石山和海滨风景区等主要部分，总面积达245平方千米，性质定为海岛环抱、山岩奇特、沙滩广阔、城景相依所构成的具有亚热带风光的国家级海滨风景名胜区。

■ 鼓浪屿日光岩

■ 万石山远景

　　鼓浪屿位于厦门岛西南隅，隔鹭江与厦门岛相望。四面碧海环绕，岛上气候宜人，四季如春，鸟语花香，素有"海上花园"之称，又有"万国建筑博览""钢琴之岛""音乐之乡"的美誉，宛如一颗璀璨的"海上明珠"，镶嵌在厦门海湾的碧海绿波之中。

　　宋时鼓浪屿原名圆沙洲、圆洲仔，因岛西南有一海蚀岩洞受浪潮冲击，声如擂鼓，自明朝演化为现在的名字。

　　鼓浪屿周边海域为厦门港主要部分，紧临中华白海豚保护区、文昌鱼保护区、大屿岛白鹭保护区，与金门列岛隔海相望。登高远眺，鼓浪屿全景及周边美景尽收眼底。

　　厦门属亚热带海洋性季风气候，温暖湿润，光热条件优越，日照特别长，一年四季，花木繁茂。

　　日光岩俗称"岩仔山"，别名"晃岩"，相传1641年，郑成功来到晃岩，看到这里的景色胜过日本的日光山，便把"晃"字拆开，称之为"日光岩"。日光岩由日光岩和琴园两个部分组成。日光岩耸峙于鼓浪屿中部偏南，是由两块巨石一竖一横相叠而立，成为龙头山的顶峰，为鼓浪屿最高峰。

■ 万石山题刻

站在日光岩山门处，看到一块高40多米的巨岩，凌空而立，在那巨岩峭壁上，有"天风海涛"4个字横书，其下还有两行大字题刻，右侧为"鼓浪洞天"，左侧为"鹭江第一"。

前者是1573年江苏丹阳人丁一中所书，这是日光岩最早的题刻。后者是清道光年间福建长乐人林针所写，两者靠近，字迹相当，林针署名特别大，游人常误为两者皆是林针所题，其实后者比前者晚刻200多年。

菽庄花园坐落在鼓浪屿港仔后，建于1913年，主人林尔嘉，又名叔臧，园名即以他的名字谐音而命名。甲午战争后，林维源及其子叔臧不愿当亡国奴，从台湾迁到鼓浪屿居住。其后，叔臧建了这座花园。

菽庄花园依海建园，海藏园中，傍山为洞，垒石补山，与远处山光水色互为衬托，浑然一体。所造楼台亭榭其形不一，迦桥低栏，形若游龙。园内看海，波浪拍岸，倚栏远眺，极尽山海之致，复有岩洞之幽，鲜花满径，绿树成行。

菽庄花园以有限面积，造无限空间，以小见大，耐人寻味。虽然庭院本来以静为主，但眼前波涛拍岸，浪花飞溅，形成静中有动，动中有静，动静对比，相得益彰，珠联璧合，妙趣横生。

皓月园位于鼓浪屿东部的覆鼎岩海滨，占地30000平方米，沿鹭江之滨铺开，这是以海滨沙滩、岩石、绿树、亭阁展布的庭园。

皓月园内有一座郑成功及其部将的巨型铜雕像。这座巨型铜雕，图幅宽广，颇引人注目。园内更突出的是矗立在覆鼎岩上的郑成功巨型花岗岩雕像，十分威武。

古避暑洞是个很有特色的山洞，两旁石壁支起从天而降的花岗岩巨石，给人泰山压顶之感，十分险峻。上面"古避暑洞"4个字是清末台湾文人施士洁题写的。石洞明亮干燥、通风清爽。

穿过古避暑洞，向左拐，有一座窈窕小亭，撑起细细腰骨，把岩石当作凉台，名叫"伞亭"，可供人遮阳避雨。

石洞旁边的岩石顶，有一个仙人洗脚的石盆，长年累月盛着水，一旁还有仙人的脚印。其实，"仙人印""洗脚盆"都是由于海浪冲蚀而成的海蚀地貌。

万石山奇石

■ 鼓浪屿古避暑洞

斗拱 也作枓拱、枓栱。是我国建筑特有的一种结构。在立柱和横梁交接处，从柱顶上加的一层层探出成弓形的承重结构叫拱，拱与拱之间垫的方形木块叫斗。两者合称斗拱。

龙头寨门是郑成功当年屯兵鼓浪屿的"龙头山寨"的寨门，岩石上的圆孔是士兵搭架帐篷开凿的。郑成功纪念馆是为纪念郑成功收复台湾300周年而创设。郑成功纪念馆展出各种文物、资料、照片、模型等300余件。

伴着鼓浪屿的海浪声，30台古钢琴静静地站在充满典雅气氛的陈列室中，让带着惊奇眼光的参观者，发出阵阵赞叹，那里就是鼓浪屿钢琴博物馆。

博物馆里陈列了爱国华侨胡友义收藏的40多架古钢琴，其中有稀世名贵的镏金钢琴，有世界最早的四角钢琴和最早最大的立式钢琴，有古老的手摇钢琴，有产自100年前的脚踏自动演奏钢琴和8个脚踏的古钢琴等。

百米高台为日光岩顶峰，这儿海拔92.7米，加上圆台，号称"百米高台"。沐浴天风，倾听海涛，眺望远处，水天一色，令人忘却人世烦恼。从高台上看脚下的鼓浪屿，各种风格的建筑错落有致，好像从这钢琴之岛上弹奏出来音符，凝固成一曲最浪漫的旋律。

从19世纪中叶起，伴随着基督教的传播，西方音乐开始涌进鼓浪屿，与鼓浪屿优雅的人居环境相融合，造就了鼓浪屿今日的音乐传统，培养出一大批杰出的音乐家。

三一堂的建筑独具一格，呈"十"字立体式的罕见造型，四方八面排水的黄瓦屋顶上，居中矗立着八角钟楼，顶尖的十字架高耸云天。红墙装饰着流畅的三角形线条，四面敞开12道大门、16扇窗户极为宽大，具有通风、采光、疏散的实用特点。

海天堂构位于鼓浪屿福建路38号，"海天堂构"老别墅是中西方文化结合的典范之作。门楼是典型中国传统式样，重檐斗拱、飞檐翘角。前后两侧的楼宇，普遍采用古希腊柱式，窗饰大都为西洋风格，但墙面与转角又是中国雕饰。

万石山在厦门市区东部狮山北麓，紧依厦门市区，景区内山山相连、山水相依、峰峦起伏、景色奇秀，浓荫蔽天，幽静清雅。主要景点有万石岩、太平岩、醉仙岩、厦门园林植物园、和虎溪岩等。

万石岩在万石水库以南，举目皆石，大小重叠，

飞檐 我国传统建筑檐部形式之一，多指屋檐特别是屋角的檐部向上翘起，有如飞举之势，常用在亭、台、楼、阁、宫殿、庙宇等建筑的屋顶转角处，四角翘伸，形如飞鸟展翅，轻盈活泼，所以也常被称为飞檐翘角。

■ 万石山景观

自然名胜

国家自然名胜风景区

■ 万石山建筑

慧远和尚

（334—416），也就是慧远大师，俗姓贾。精通六经及老、庄之学。21岁时，闻道安法师讲般若经，悟而出家，以弘法为己任。后入庐山，喜其清幽，遂结茅为舍，讲《涅槃经》，又凿池种莲，因号莲社，为我国莲宗之始，是改变我国信仰体系的一代杰出佛教领袖。

有的危如累卵，有的稳如泰山，连绵延亘，象鼻峰则像一头大象朝天伸着长长的鼻子。古人石刻"万笏朝天""石浪排空"生动地描写出万石岩的奇景。

太平岩在万石岩上方，林壑幽美。建于唐代的太平岩寺几度兴废，现存寺庙是仿照原样重建的，有正殿、偏殿。殿前的楼阁称"蟾宫"，现为"茶人之家"，供人们品茗。

寺庙附近有4块岩石构成形态像开口欢笑的景观，上题"石笑"二字，还有古人诗刻。

醉仙岩在万石湖西南山上，与万石岩遥遥相对，因山势如仙人醉倒，故名。岩顶巨石则像一只蹲着的骆驼，故称为"骆驼峰"。醉仙岩有醴泉洞、天界寺、黄亭、长啸洞、旷怡台等景点。

天界寺始建于清初，旧时寺中每天拂晓要敲钟108响，声浪远播，扣人心弦，人称"天界晓钟"，寺因此得名。

长啸洞为临近绝顶的一个天然岩洞，站在洞口高声一呼，山鸣谷应，余音不绝。岩顶是旷怡台，在台上放眼四望，青山碧海，一览无余。

虎溪岩的景点命名借用庐山的"虎溪三笑"典故。东晋时，慧远和尚等人在庐山东林寺结白莲社，慧远每次送客都以不过溪为约，否则虎就吼叫，故名"虎溪"。

从"先露一芽"的石刻旁拾阶而上，满山岩石，大若虎踞，小如羊蹲，奇险天成，石壁上刻着"渐入佳境"4个字。登上一块巨石之顶，就可以看到一条3米宽的石沟，这就是虎溪。溪上架着弓形石桥，即渡虎桥，又称"仙人桥"。

过桥可以看见巨石上刻着"三笑"二字，三笑石后为东林寺，是明万历年间厦门诗人池显方所建。因南面有玉屏山，又称玉屏寺。

寺右有夜月洞，又名伏虎洞，洞顶刻"啸云"二字，洞中泥塑老虎双目炯炯有神，虎溪岩因此成了当地人中秋赏月的最佳去处。

万石莲寺始建于唐，历代废损，明末扩建、重修。清康熙年间重建，大雄宝殿及禅室

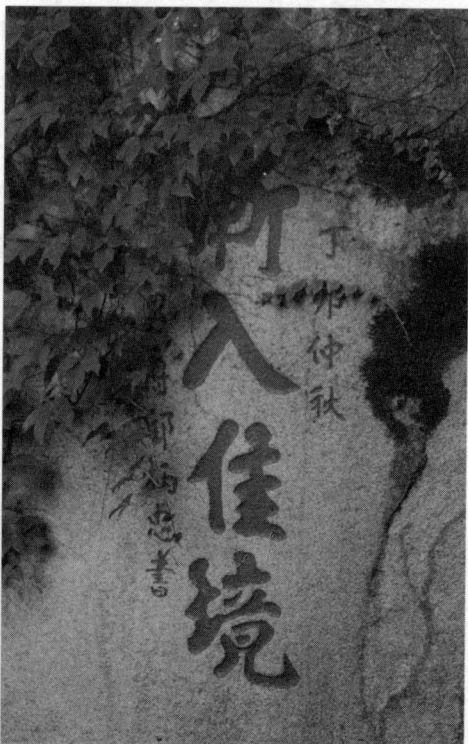

■ 厦门虎溪岩寺石刻

091

山清水秀

东南自然名胜

鼓浪屿万石园

僧房与嵯峨巨石相映，清幽典雅。

万石植物公园是独具一格的公园和植物园的结合体，辟有棕榈、竹类、兰花、盆景、药用植物等20多个植物区、圃和展览室，栽培数以万计热带、亚热带植物，因富于科研成果而闻名海内外。

万石山中，有著名的厦门园林植物园，植物园园内设有松杉园、棕榈岛、玫瑰园、引种驯化区、药用植物园、多肉植物区、兰花圃等20多个专类园和种植区。已经引进热带、亚热带园林植物3000多种，其中有被人们称为"活化石"的水杉、银杏和世界三大观赏树中国金钱松、日本金松、南洋杉及其他奇花异草。

阅读链接

　　1661年4月，郑成功经过充分准备，率战船数百艘，官兵2.5万人，从金门科罗湾出发，收复被荷兰侵占38年的台湾，并致力开发台湾。郑成功于1662年7月病逝于台湾，年仅39岁。

　　300多年来，闽台人民十分敬仰郑成功，尊他为民族英雄，台湾人民尊他为"开台圣王"。

中部自然名胜

　　我国中部气候温暖凉爽，优美逶迤的山岭，蜿蜒盘旋，犹如一条酣睡的巨龙。俯瞰足下，白云弥漫，环观群峰，云雾缭绕，一个个山顶探出云雾处，似朵朵芙蓉出水。

　　水，那么灵动清丽，泉水叮咚，小河潺潺，令人神往遐思，在青山绿水间总能找到最美的风景。其中著名的自然风景名胜区有鸡公山、大洪山、九宫山和临潼骊山等处，真是魅力无穷。

云中公园——鸡公山

　　鸡公山位于河南省信阳市境内，历史上与庐山、北戴河、莫干山并称我国"四大避暑胜地"。

　　早在1400年前的北魏时期，郦道元的《水经注》就有文字记载，其后众多名人骚客、达官显贵、富商巨贾也来此山游玩，文人们留下了大量的赞美诗篇。

鸡公山景观

■鸡公山木梯

鸡公山雄踞于武胜关、平靖关和九里关三关之间，山脚下的武胜关是我国历史上九大名关之一，它犹如一把石锁，将大别山和桐柏山锁扣成一体，形成江淮之间绵亘千里的天然屏障，战略地位十分重要。

鸡公山有"青分豫楚、襟扼三江"之美誉，"佛光、云海、雾凇、霞光、异国花草、奇峰怪石、瀑布流泉"被称为八大自然景观。

鸡公山大地构造位于秦岭褶皱系东段桐柏山脉和大别山脉褶皱带，地质构造演化具有多旋回螺旋式不均衡发展的特点。构造以断裂为主，褶皱为次。区内岩石主要为鸡公山混合花岗岩和灵山复式花岗岩基。

鸡公山保护区位于桐柏山以东，大别山最西端，主体山系基本上分布在河南、湖北两省省界上，呈近东西走向。

南主峰报晓峰，又名鸡公头，北主峰为篱笆寨，

桐柏山 位于河南省、湖北省边境地区，其主脊北侧大部在河南省境内，属淮阳山脉西段。桐柏山是淮河的发源地。专家评价"比华山高险、与黄山竞秀"。桐柏山区域不仅有独特的淮源文化，更兼具盘古文化、佛道文化、地质文化和苏区文化。

鸡公山报晓峰

西主峰为望父老，东主峰为光石山。鸡公山保护区地处北亚热带的边缘，淮南大别山西端的浅山区。受东亚季风气候的影响，具有北亚热带向暖温带过渡的季风气候和山地气候的特征。这里四季分明，光、热、水同期。春季气温变幅大，夏季炎热雨水多，秋高气爽温差小，冬长寒冷雨雪稀。

鸡公山主体山系是近东西向或北西向延伸，地形总体上南高北低。主体山系是长江与淮河两大流域的分水岭，山系以北的东双河、九渡河汇入师河，复入淮河；山系以南的环水、大悟河汇入汉水，复入长江。鸡公山雨量充沛、泉源众多、水源丰富，俗有"山中一阵雨，林内百泉流"之说。

鸡公山保护区植被属亚热带常绿阔叶林区域的桐柏山、大别山山地和丘陵松栎林植被，具有北亚热带向暖温带过渡的性质。

森林植被明显呈乔、灌、草3层结构。乔木层通常可分为两个亚层，建群种和共建种为栓皮栎、麻栎、马尾松、化香、枫香、黄檀、五角枫等。

林下灌木层优势树种有山胡椒、盐肤木、白鹃梅、映山红、胡枝子、黄荆等。草本层优势种有求米草、大金鸡菊、羊胡子草、野苎麻、显子草等。

鸡公山地处大别山脉北坡，为亚热带向南温带的过渡地段。以亚热带植物成分为主，兼有暖温带的成分。植被地带性表现出典型的由北亚热带常绿阔叶林与落叶阔叶林地带向暖温带落叶阔叶林地带过渡的特征，是多种区系成分的交汇带。区内森林茂密、生物资源丰富。

鸡公山因其整个山势宛如一只昂首展翅、引颈啼鸣的雄鸡而得名。北魏郦道元的《水经注》称为"鸡翅山"，距今已有1400余年。明朝鸡公山和鸡翅山并呼。清代易名鸡公山，沿称至今。

鸡公山地处亚热带向暖温带过渡的地带，雨量充沛，气候湿润。气候特点是冬长夏短，春秋相当。夏季气候凉爽宜人，三伏盛夏，午前如春，午后如秋，夜如初冬。有"三伏炎热人欲死，清凉到此顿疑仙"之美誉。

鸡公山海拔并不高，但地理位置独特，两边峡谷深平，长年风生风息。鸡公山有高山气候，却无高山反应，特别适宜疗养避暑，对某些疾病如肺病、脚气病、心脏病、气管炎、高血压都有特殊疗效。

鸡公山的奇峰怪石，泉溪瀑布，珍花异草，山村田园和风韵殊异的楼台亭榭等诸多因素构成优美的自然风景区。

鸡公山素以"山明水秀、泉清林翠、气候凉爽、风景幽奇、别有天地"而驰名。海拔不高，但位置独特。鸡公山长年又被云雾所笼罩，被誉为"云中公园"。

鸡公山石刻

鸡公山的奇峰怪石千姿百态，嶙峋耸峙，造化精灵，房在石上建，树在石旁生，草在石中长，花在石边开，泉在石下流，皆具怪、巧、奇、美的特点，与其他自然景观融为一体。

鸡公山四季景色，变幻动人，春夏秋冬，时移景异，神奇莫测。春天万木争荣，百花齐放，姹紫嫣红，蜂飞蝶舞，生机勃勃。夏天，满山葱茏碧绿，气候凉爽，云蒸雾绕，飘飘然犹如仙境。

秋天，山岭沟壑，红叶片片，银杏蜡黄，金桂飘香，不是春光，胜似春光。冬天，银装素裹，冰凌高悬，蓝天白雪，千树万树梨花开，一片北国风光。

鸡公山东沟瀑布群是以水景为主体的风景长廊，全长约10000米，姿色天成，野趣极浓。鸡公山在全国山岳型风景区中是数一数二的。鸡公山是南北方的分界线，还是亚热带和暖温带的过渡地带，南北植物均可在这里安家落户，有各类植物2000多种，其中仅中草药就占600多种，被称为"天然植物园"和"天然中草药园"。

当年李时珍千里迢迢来鸡公山采药，为《本草纲目》增添了丰富的内容。20世纪初，英美植物学家也曾在鸡公山研究培育植物，这里是生物工作者理想的科研和教学基地，是天然的绿色基因宝库。

■鸡公山远景

■ 鸡公山山峰

鸡公山不但南北文化交融十分明显，而且更具有中西文化交融的内涵，山上先后建造起特色各异的洋楼别墅。这些多民族、多国别的建筑群落，分布在万绿丛中和秀峰之间，交相辉映，俨然是"万国建筑博览会"。

在建筑款式上，有古罗马式、哥特式、合掌式、德国式和中西糅合式。或方正端庄，或雄伟壮观，或幽雅和谐，或精巧舒展，千姿百态，风格殊异，似璀璨明珠缀满山峦，富有天国神秘幻觉，可谓建筑奇观。

阅读链接

传说天庭里的司晨神鸡，专管天明报晓，但有只司晨神鸡，认死理，脾气倔，好管闲事。

玉皇大帝听说此事后，招来诸神商量怎么处置司晨神鸡。太上老君说："炼一颗特别的仙丹，交给司晨仙官，命他暗暗放在食物中，让多嘴的司晨鸡一吃，剖开它的喉咙就发现了，保管叫它有口难言。"

司晨神鸡果然中计。玉皇大帝于是给他个罪名，打下凡间。司晨神鸡来到现在的鸡公山仍不屈服，从早到晚叫着要除害安良，被人们尊为鸡公。

清凉世界——大洪山

　　大洪山位于湖北省中部偏北，绵亘随州、荆门、钟祥、京山四市区，山势余脉延至宜城、枣阳地区，盘桓百里，山脉略成三角形。

　　大洪山山脉大部分位于湖北省荆门市境内，主峰位于湖北省随州市随县境内。

　　大洪山宝珠峰是大洪山脉主峰，气势雄峻。山体由辉绿岩和变质砂岩构成。唐朝时期，山顶建有庞大的寺院。山顶由三峰连为一体，东北有鼓楼峰，东南有钟楼峰，西北有舍身崖。三峰居中有一片浅凹地，这里有一泉曰"黄龙池"，是一基岩裂隙泉，水质清醇甘爽，终年不涸。

■ 大洪山风景

■ 随州大洪山筱泉洞

大洪山分为随州风景区、京山风景区和钟祥风景区3个部分。景点性质分为地质、山石、植被、气象、瀑泉和人文等六大类。

其基本特点是山青林密、水秀洞丽、自然朴实、奥幽野趣、清静凉爽，具有观光游览、避暑度假、垂钓游泳、健身疗养、赏雪写生、科学考察等功能。

大洪山一名始见于《水经注》，《水经注》云"涢水出其阴，亦谓之涢山。"大洪山为汉江及其支流涢水分水岭。因古生代初为古扬子海，几经海侵，至三叠纪始最后成陆，燕山运动褶皱成山，呈西北至东南走向。

岩层以古老沉积岩为主，北部多为前震旦纪千枚岩、石英片及志留纪页岩构成，南部多为寒武奥陶纪灰岩构成，最南端有志留纪页岩分布。因长期侵蚀，地形破碎而低缓，除主峰在随县境外，大部分属中等

《水经注》是6世纪北魏时郦道元所著，是我国古代较完整的一部以记载河道水系为主的综合性地理著作，在我国长期历史发展进程中有过深远影响，自明清以后不少学者从各方面对它进行了深入细致的专门研究，形成了一门内容广泛的"郦学"。

随州 是我国历史文化名城，位于湖北省北部，闻名于世的编钟出土于此。随州位于湖北省北部，地处长江流域和淮河流域的交汇地带，东承武汉，西接襄阳，北邻信阳，南达荆门，居"荆豫要冲"，扼"汉襄咽喉"，为"鄂北重镇"，是湖北省的"北大门"。

切割的低山和丘陵。

地质历史时期大洪山地区曾发生过3次大规模火山爆发，大洪山火山地质遗迹和地质景观是南秦岭区与扬子板块地层、地质演化过程保留下来的重要资源，具有明显的区域性和独特性。

大洪山地处鄂中北，周围都是平原，从平原至山顶的垂直高度近1千米，这在湖北省独树一帜，可与泰山相媲美。

大洪山独特的地形地貌造就了独特的气候条件，这里气候温和，冬暖夏凉，具有"一山分四季，十里不同天"的气候特点。由于空气中富含氧离子，被人们誉为天然"氧吧"。

大洪山风景区动物资源丰富，现有兽类、鸟类、两栖动物及蛇类若干种。

兽类主要有金钱豹、草豹、斑鹿、豺、山猫、狸子、羚羊、野猪、狍子、獐子、松鼠、猪獾、豺狼、黄羊、狐狸等；两栖动物主要有娃娃鱼、金钱龟等；鸟类主要有红嘴相思鸟、红嘴喜鹊、画眉、白鹭、八

■ 随州大洪山景观

■大洪山景区

哥、绿头鸭、野鸡、啄木鸟等。

大洪山的树多为三楚大地土生土长的乡土树种，品种300余种。在这些树木中，有落叶乔木、灌木，更有四季常青的松、柏、竹、茶、棕榈等常绿树种，因此大洪山可以四季常青。

大洪山的树，不仅品种众多、四季繁茂，而且多有珍贵树种。被称为"活化石"的银杏树，在全国的遗存只有寥若晨星的少数群落，而随州的数千棵千年银杏树则主要集中在大洪山区。

在落湖有一棵年岁在千年之上的古老银杏树，树高30余米，树干周长7人围抱尚不可及。它树冠盈亩，亭亭玉立，枝叶繁茂，被称为大洪山的树魂，还被誉为"中华银杏之王"。

在大洪山的怀抱中，除银杏外，还有更为珍稀的树种香果树。在植物学家的眼里，香果树是比银杏树更为古老的树种，更是植物的"活化石"，当然遗存也更少。据专家们透露，在我国，目前仅仅在大洪山和张家界等地尚能一睹香果树的"芳颜"。

在大洪山范围内的随州市随县长岗镇可以买到很多土特产，如野葛粉、野核桃、野蜂蜜等特色商品。在果实成熟的季节还有野枣、野樱桃、野猕猴桃、三黄鸡、香菇、板栗和黑木耳等。

大洪山为佛教圣地，区内寺院星罗棋布，香客信士络绎不绝，晨钟暮鼓彼落此起，在湖北首屈一指，与位于湖北省西北的道教圣地武当山遥相抗衡。

洪山寺位于随县长岗镇绿水村境内。洪山寺分上下两院，上院位于宝珠峰顶，史称幽济寺、灵济寺、灵峰寺、楚天望刹，始建于唐宝历二年也就是826年。下院位于山麓南面，史称保寿禅院、万寿禅院或万寿寺，建于北宋绍圣年间。

大洪山随州风景区包括随县长岗镇、洪山镇、三里岗镇和曾都区洛阳镇，核心风景区的主要特点为峰俊、林幽、洞奇、湖美、泉醇。大洪山省级地质公园，位于湖北省随州市西南边陲，是国家级大洪山风景名胜区重要组成部分。

大洪山地质公园，属于造山带构造地貌型，是

■ 大洪山玉龙温泉

以钾镁煌斑岩、蛇绿岩与板块碰撞遗迹、火山岩遗迹及金伯利岩等为核心，以红岩石瀑、似丹霞地貌为特色，以两王洞、仙人洞和双门洞等为代表的大洪山溶洞群等喀斯特景观为骨干的地貌类型。

地质公园以琵琶湖、新阳温泉、剑口瀑布和黄龙池等水体景观为灵魂，以编钟文化、神农文化、洪山寺宗教文化为载体，以及洛阳古银杏群、大洪山森林公园为绿色背景的特色鲜明、集科学价值与美学价值于一体的综合性地质公园。

■京山美人谷沐浴潭

大洪山温泉位于湖北省随州市洪山镇。大洪山温泉、冷泉资源名声在外，富含多种有益人体健康的矿物质微量元素，对皮肤病、心血管和消化道疾病具有良好的辅助疗效，而且对镇静安神、清热祛痰、解毒生肌、通脉活血、皮肤病患者等也具有一定的医疗保健作用。

大洪山玉龙温泉丰富的矿物质含量，温和的水质和充沛的储量，使它成为国内罕见的保健硫黄泉。

京山绿林景区位于大洪山南麓、京山县北部的绿林镇，是大洪山风景名胜区的核心景区之一。绿林山风景区由五大区域、十大景点和近百处景点构成。

包括以千年古兵寨为主要代表的绿林寨景区，以西线原始森林为代表的古朴神秘原始生态丛林景区，以众多的瀑布群为代表的水石文化交织的"美人谷景区"。还有以天然石编钟为神奇特色的空山洞景区，于鄂中久享盛名、柔情蜿蜒的鸳鸯溪漂流景区等。

绿林风景区有2000多年的古烽火台、古城墙、古兵寨、古战场、古汉梯田，也有抗日战争旧址。历史人文底蕴丰厚，自然风光秀丽无比，尤以绿林十八景蔚为胜观。

大洪山钟祥风景区位于钟祥城东北大洪山南麓客店镇，是以自然景观为主体的风景名胜区。其核心景点是黄仙洞、娘娘寨、珍珠泉。

黄仙洞位于客店镇赵泉河村，相传黄石公在此修炼过，故名黄仙洞。黄仙洞集世界溶洞之大全，有石灰岩地貌、钟乳石景观多处，尤其是喀斯特地貌，为世界罕见。

洞中有几十个大小支洞相连，洞中有洞，洞里有5个大厅，可容纳数万人。形成奇特的洞中山。

走进黄仙洞出口，便进入四面绝壁合围的娘娘寨。娘娘寨现有保存完好的古民居村落一处，各类文物保护单位7处。娘娘寨四季气候宜人，被称为"最适宜人类生存的世外桃源"。

娘娘寨景区内古树参天、峰峦叠翠、溶洞群集、溪流纵横、深潭遍布。漫山遍野的奇花异草、成片的古银杏群落、久负盛名的高山云雾茶、众多佛道僧士、骚人墨客的碑刻壁画和悠久的历史传说，这些使黄仙洞娘娘寨景区形成了一个集自然生态、历史人文为一体的生态文化园区。

阅读链接

元世祖忽必烈南征时驻军武昌，特请"佛足"随军，以鼓舞三军将士学习慈忍大师舍身忘我精神，为消灭南宋王朝，建立大元王朝舍身忘我而战。

他做皇帝后，一次夜间梦见慈忍大师请求将双足送回故里。忽必烈即派钦差大臣专程护送佛足回武昌洪山禅寺。

南下途中，听士兵们说起佛足越抬越重，当他们行至河南许昌丈地堡时，佛足更是沉重无比，抬挪不动，钦差大臣派人飞报元世祖，元世祖旨令就地建寺供奉，并将当地的地名也改为洪山。

险峻灵秀——九宫山

九宫山位于湖北省咸宁市通山县城东南，绵亘百里。九宫山因南朝"晋安王兄弟九人建九宫殿于此山，遂以为名"。此后，多朝皇帝封山赐匾，历代文人作赋题词，延至南宋名道士张道清赴九宫山开辟道场，香火远播，九宫山便成为全国五大道场之一。

九宫山雄奇险峻，景色迷人。春可赏花，夏好避暑，秋看红叶，

■九宫山远景

冬览雪景，既有南国山峰的峻秀，又兼北国风光之壮美。九宫山夏天午前如春、午后似秋、晚如初冬，素有"天下第一爽"之称。

九宫山具有我国最具特色的高山湖泊云中湖，有全国落差最大的大崖头瀑布，还有分布近千种名贵动植物，近百种珍稀濒危物种，拥有大面积原始森林和第四纪冰川遗迹的省级森林保护区九宫山森林公园。

▇九宫山冰挂

主峰老鸦尖被称为鄂南第一峰。这里春天林木滴翠，繁花以锦；炎夏清风徐徐，凉爽宜人；秋季红枫耀眼，山清水秀；深冬银装玉树，似北国风韵。

云中湖景区是九宫山风景精粹之地，位于凤凰岭上，湖面百多亩，蓄水量100多万立方米，最深处35米，是国内高度仅次于新疆天山天池和长白山天池的高山湖泊，也是我国高山湖泊中的佼佼者。

金鸡谷是一条森林幽谷，是一个风景幽雅的绿色世界，到处蝶舞蜂喧，莺歌燕舞，满目芳菲，也是九宫山风景精华之地。

境内老鸦尖为鄂南第一峰，也是幕阜山脉最高峰。周围千米以上高峰七八座，与之相连的有太阳山、药姑山等。这里群峰高耸，古木参天，是植物王国，动物世界。

无数溪泉潭瀑终年喷珠漱玉，无数的珍奇动物，漫山遍野珍稀植物都在这个宝岛上生长，是中亚热带植物群落的典型代表。

石龙峡风景区，是九宫山风景区的重要组成部分,位于铜鼓包西侧的三峰山北麓。这是一条南北向的山谷，全景区以石阶、石径贯通，石阶石径以花岗石料石砌成。为跨越山溪，建有石拱桥7座，铁索桥2座，跳石、栈道各1处。

景区中以崖、石、树、瀑、潭等组成的自然景观，明代的通山县礼部侍郎朱庭吏所筑的两崖行窝，和明末清初的懒拙和尚野居处，皆在北山谷中，是很重要的人文景观。

风车口也叫"大风口"，位于铜鼓包之西。大风车口宽约2000米，小风车口宽约30米。由于东西两面断崖耸立，形成剪刀形状的谷口，大陆南北气流为高山所阻，交汇于此山峰岔口，因而一年四季，天天都是疾风呼啸。

风车口顶部为30米宽的山脊，北边下方是10多千米长的幽谷石垒沟，南坡下为石船，是神话传说中的水将军与逆龙大战之地，至今有一巨大的山峰如船，为水将军所斩，那只逆龙要把江西造成海，湖广立洲城，最后被水将军降伏。

雪海翠园位于风车口旁的山坡峰谷，都堆积着雪白的沙子。若有云雾弥漫，就像到了海滨，这片雪海里，长着许多低矮的青松，远望江西修水白沙山如同雪龙飞舞。白沙在碧翠的青松掩映下，显得更加雪白，青松在白沙的衬托下，显得更为翠绿。

■九宫山风景

尼姑石与和尚石正在风车口至古老庙的群龙吸水前方。这两块耸立在树林上的奇石，高约丈余，一上一下，状如人形，正向上奔

■九宫山景区溪流

跑，相距百余米。前者为尼姑石，它身向前倾，如披衣御风。胖和尚在下紧追不舍，此景叫"和尚赶尼姑"。

　　更为奇妙的是，在古老庙与和尚石、尼姑石之间，还耸立着另一巨石，高约7米，上大下小，形似火炬，像一尊清秀观音，在庙前严肃看守，不准动了凡心的和尚、尼姑回庙，真是巧夺天工，天然成趣。

　　还有一个神话故事，说从前云关半山有座和尚庙，一天，有个上山的尼姑路过云关和尚庙歇脚，不小心把帽子丢在庙里。和尚发现后急忙拿起帽子追赶送还，尼姑发现和尚追赶，怕他居心不良，这样你追我赶，恰被张道清发现。他认为不成体统，有辱仙家风范，于是他略施小术，用定身法让尼姑和尚都变成了两座小石峰。位于公路上的另一个最大岩石则叫"道士解劝"。

　　"姊妹松"为两棵并立的松树，一松如姐，亭亭玉立，一松如妹，妖媚多姿。清代诗人在《怪松坡》中写道：

雪埋关下坡，寻常松子落。

缩颈话尧年，云杪双朵鹤。

怪松坡也叫"狮子坪"，为入九宫门户。这里满坡泉水如琴叮当弹唱，奇石遍布，状如龙飞虎跃，富有山野情趣。

明朝诗人孟养浩在《圣松坡》诗中叹惜："怪松坡上怪松无，虚忆当年五大夫。"

如今，"老怪"归天，"新怪"出生，成为国内罕见的"怪松世家"，世代繁衍不息。也许是怪松坡下有一位神秘的怪松之母吧！

站在华英如盖的迎客松下，远远就可望到一对抱头盘膝的"姐妹松"。

古崖洞人称"陶姚仙洞"，是九宫八景之一。它背靠笔架山，前临喷雪崖，洞外有突兀巨石，在清晨和傍晚时，片片飞云，时隐时现，阵阵迷雾，若即若

尧年 尧，传说中的上古帝王，史称唐尧。15岁时在唐县封山下受封为唐侯。20岁时，其兄帝挚为形势所迫让位于他，成为我国原始社会末期的部落联盟长。他在唐县伏城一带建第一个都城，后因水患逐渐西迁山西，定都平阳。古史传说，尧时天下太平，因以"尧年"比喻盛世。

111

■九宫山景区瀑布

陶姚仙洞 传说，唐朝李世民杀了胞弟李元吉，当了皇帝后，李元吉的陶妃和姚妃就逃到九宫山下界牌村，陶妃生下李元吉的遗腹子阿宝，将他寄养在一老太婆家，然后和姚妃来到这个石洞里安身修道，18年后双双跳下万丈深渊。

离，鸟从头上过，云在脚底飘。

有时，缕缕云烟直灌入古洞深处，萦绕不散。洞内有潺潺清泉，如将一枚硬币轻轻置于水中，硬币便在水面漂浮旋转。

在含羞松旁边，有一对老少相依的"父子松"，约一抱之围，5丈多高。大的像一位慈爱亲和之父，小的像一个稚气未脱的顽皮的小伙，站在父松之下。

父松枝杆虬曲，树冠向子松弯倾，像一位被岁月压弯了腰背的慈父正在对它儿子诉说着什么。也许是在叮嘱它的儿子不要畏惧世间的风雨冰雪，教它懂得松的正直，要有松的骨气。300年来，他们就这样扶老携幼，老少相依为命，享受家庭的天伦之乐。

"试剑石"也叫万山石，位于九宫山北麓狮子坪的云关古道上，面对狮拥云关，距云中湖2千米，原建有构斯亭。云关古道为朝山神道，梯级石阶，旁崖

■ 九宫山景区水库

临阁。其中一座巨石耸立路旁，一边被削去10平方米，相传张道清上九宫山开辟道场，在此被巨石所阻，他挥剑劈开巨石，故名试剑石。

云关隘路在云关石刻之上，古为香客进山神路，因其傍崖临涧，常有云雾迷漫，故留下了"万壑风涛撼古松，

■ 九宫山景区民居

白云未散碧云封"和"穿云几度达云关"的古诗句。隘路上端有"娘娘庙"遗址。庙前繁花点点，青林涌翠，云飘雾绕。

这条朝山古道沿途奇石耸峙，形成天然有趣的"虎头、石猴、雄狮、观音"等胜景。古道小径穿云破雾，时隐时现，人行石径，如同在天空中腾云驾雾。时而云迷山峰，风吹山似飞，云动石如舞；时而繁花耀眼，恍如蓬莱仙岛。

闯王陵门楼为三门四柱，牌坊样式，为钢筋水泥浇灌，表面嵌满翡翠绿色大理石颗粒。表面脊筒滴水仿明清饰鸱尾。门前两侧矗立着两对明代的石狮、石象，门前横径石桥，正门镌刻宋体金字"闯王陵"。

门楼前有广场，可供停车和游人聚集。广场左侧有一纪念碑，刻着介绍李自成的生平碑文。闯王陵背依九宫山老崖"虎山"，傍西流溪水，坐北朝南，主体建筑有门楼、墓冢、陈列馆。

整体建筑依山就势，气势宏伟。陈列馆内收藏有李自成镏金马镫等许多珍贵文物和不同时代的史志文献。陵园附近还有落印洞、拴马松等李自成殉难时的古迹。

墓冢位于门楼之上，陈列馆之下，都在同一条中轴线上。由门楼起步，登58级石阶，即李自成墓冢祭台，椭圆形的坟冢围着花岗石圈，这就是闯王的"宝顶"。

墓前立着一块"李自成之墓"的荷花绿大理石碑。前有拜台，两侧有看台、花坛、种有梅花、雪松、香樟等名贵植物。

上有下马亭、激战坡，下有幽径石桥和纪念碑台，蜡梅寒冬傲雪，雪松四季常青，玉兰树仁首凝思。椭圆形的墓冢长满了厚厚的绿草，吸取日月光华而四季常青吐翠，更与日月同辉。

"金鸡石"在仙人簸米对面的原始森林中的狭谷里，有一座近七八米高的小石峰，峰顶上有块七八米高的金黄颈长鸣，两条湍急的溪水在金鸡岩下流淌。这里也是座珍稀植物园，石峰上长满了奇花异木，峰下爬满名贵药材鸡血藤。

"一线天"位于铜鼓包左侧，是九宫山最为雄奇险峻之处，在铜鼓包和风车口这两座山崖之间，形成狭长的陡峭深谷，人在谷底仰望高空，唯见一线蓝天。人立其上，险象环生，深谷生云，峭石凌风，云浮风起，仿佛山在摇晃。

阅读链接

在金鸡岩四周，有许多奇峰怪石，其中的石狐狸和石狼狗还有一个故事。

相传有一天金鸡下山，被狐狸发现了，狐狸正要抓住金鸡时，一只狼狗又来追赶狐狸，结果被簸米的仙女发现，她用手指一点，都变成了石峰，如是就有了"狐狸镇金鸡""狼狗镇狐狸"的趣景，反正谁也没有吃掉谁，千百年来，就这样相互对峙。

骊山晚照——骊山

  骊山，位于陕西省西安市临潼区城南，属秦岭山脉的一个支脉，靠着秦始皇兵马俑博物馆。骊山最高峰九龙顶，山势逶迤，树木葱茏，远望宛如一匹苍黛色的骏马而得名。

  骊山也因景色翠秀，美如锦绣，又名"绣岭"。每当夕阳西下，骊山辉映在金色的晚霞之中，景色绮丽，有"骊山晚照"之美誉。

■骊山景区远景

骊山华清宫

骊山温泉喷涌，风景秀丽多姿，自3000多年前的西周就成为帝王游乐宝地。周、秦、汉、唐以来，这里一直是游览胜地，曾营建过许多离宫别墅。这里有被称为关中八景"之一的"骊山晚照"、烽火戏诸侯的烽火台等。

骊山风景秀丽，相传周幽王在此建骊宫，秦始皇时改为"骊山汤"，汉武帝时扩建为离宫，唐太宗营建宫殿取名"汤泉宫"，唐玄宗再次扩建取名华清宫，因以温泉为特征，又称华清池。

骊山是我国名山之一，是唐华清宫的重要组成部分。其山势峻峭，断层地貌别具一格；其森林景观独具特色，有千亩侧柏林、骊山拧拧柏、八戒显形树等。

中华上下五千年文化在骊山均留下烙印，古迹遗址星罗棋布、历史文化博大精深、离宫别墅皇家风范、地热温泉极具魅力。

秦始皇陵位于陕西省西安市以东的骊山北麓，它南依骊山的层峦叠嶂之中，山林葱郁；北临透迤曲转、似银蛇横卧的渭水之滨。高大的封冢在巍巍峰峦环抱之中与骊山浑然一体，景色优美，环境独秀。

秦始皇陵陵园按照秦始皇死后照样享受荣华富贵的原则，仿照秦国都城咸阳的布局建造，大体呈"回"字形，陵墓周围筑有内外两重城垣，陵园分内城垣和外城垣，陵区内目前探明的大型地面建筑为寝殿、便殿、园寺吏舍等遗址。

陵区封土呈四方锥形。秦始皇陵的封土形成了三级阶梯，状呈覆斗，底部近似方型。为了防止河流冲刷陵墓，秦始皇还下令将南北向的水流改成东西向。

陵园的南部有一个土冢，筑有内外两道夯土城墙，分别象征皇城和宫城。在内城和外城之间，考古工作者发现了葬马坑、陶俑坑、珍禽异兽坑，以及陵外的人殉坑、马厩坑、刑徒坑和修陵人员的墓室。

秦始皇帝陵以其规模宏大，埋藏丰富著称于世。古埃及金字塔是世界上最大的地上王陵，我国秦始皇

骊山汤 《水经注》多次提到温泉可以"治百病"、保健养生。温泉与帝王渊源最深的是陕西的华清池，秦始皇、唐太宗等杰出帝王都与之结下了缘分。华清池位于临潼县南骊山西北麓，西周时，这里的温泉就已被发现，名为"星辰汤"。秦始皇在这里修筑离宫，引泉入室，起名"骊山汤"。

■ 骊山上的秦始皇帝陵

■ 骊山景区石刻书法

陵则是世界上最大的地下皇陵。

　　地下宫殿是秦始皇陵墓建筑的核心部分，位于封土堆之下。陵园以封土堆为中心，四周陪葬分布众多，内涵丰富、规模空前，除闻名遐迩的兵马俑陪葬坑、铜车马坑之外，又新发现了大型石质铠甲坑、百戏俑坑、文官俑坑以及陪葬墓等多处。

　　秦始皇陵共发现10座城门，南北城门与内垣南门在同一中轴线上。坟丘的北边是陵园的中心部分，东西北三面有墓道通向墓室，东西两侧还并列着4座建筑遗存，有专家认为是寝殿建筑的一部分。

　　1980年发掘出土的一组两乘大型的彩绘铜车马高车和安车，是迄今我国发现的体型最大、装饰最华丽，结构和系驾最逼真、最完整的古代铜车马，被誉为"青铜之冠"。

　　兵马俑坑是秦始皇陵的陪葬坑，位于陵园东侧。由此埋葬在地下2000多年的宝藏得以面世，被誉为"世界第八奇迹"。

　　兵马俑坑现已发掘3座，俑坑坐西向东，呈"品"字形排列，坑内有陶俑、陶马8000多件，还有40000多件青铜兵器。坑内的陶塑艺术作品是仿制的秦宿卫军。近万个或手执弓、箭、弩，或手持青铜戈、矛、戟，或负弩前驱，或御车策马的陶质卫士，分别组成了步、弩、车、骑4个兵种。

从石瓮水潭处攀援西行是从东绣岭通往西绣岭的一段险道。要想上行，必须手足并用，盘旋而上，如同鸡上架一般，故而得名。

牡丹沟沟中有泉，称"美泉"。据说，用这股美泉浇灌的牡丹，花色特别娇艳。

金沙洞是唐玄宗和杨玉环在骊山的一个秘宫，俗称幽洞，是他们避开众人独自秘密会聚的一个山洞。明英宗正统年间，书生刘瑞五探奇冒险，从而揭开了金沙洞的秘密。洞中有唐玄宗、杨贵妃及众宫娥的白玉雕像，杨贵妃腼腆羞涩，唐玄宗含情脉脉，无不栩栩如生。

烽火台是古代战时传递战报、调兵的设施。相传西周末年，周幽王娶了一位貌若天仙的女子名为褒姒，可遗憾的是褒姒自进宫以来从未开言一笑，于是周幽王便采纳了奸臣虢石父的计谋，无故点燃狼烟，引得四方诸侯前来救驾。

当众诸侯汗流浃背赶来时，见到的却是烽火台上的灯红酒绿、歌舞升平，于是愤然离去。

这时，褒姒看见众臣的狼狈样，果真"扑哧"一声笑了。为此周幽王大大奖励了虢石父。

公元前771年，犬戎入侵西周。当周幽王再次点燃烽火时，却无人来救，西周至此灭

骊山上的烽火台

烽火 台

■ 骊山景区凉亭

烽火戏诸侯 指西周时周幽王，为了博得爱妃褒姒一笑而点燃了烽火台，戏弄了诸侯，褒姒看了果然哈哈大笑。幽王很高兴，接着周幽王又一次点燃烽火戏弄诸侯。周幽王因宠爱褒姒，戏弄诸侯，诸侯众叛亲离。当周朝真的有事时，周幽王再次点燃烽火台后，诸侯们都不再相信也没有前去营救。

亡了，从而留下一个"烽火戏诸侯，一笑失天下"的典故。

老母宫位于骊山西绣岭第二峰，这座庙宇在历史传说中是为了纪念中华民族的创始人女娲氏而修建的。据记载，女娲本为骊山附近一名杰出的氏族首领，每当农历六月十三，四方群众携床单干粮，夜宿骊山，祭祀老母，这个风俗沿袭至今。

相传女娲"抟黄土做人"，创造了人类，三皇五帝均为其子孙，她又在骊山炼石补天，劳苦功高，后世人尊称她为"骊山老母"。她死后，人们将其葬于骊山之阳，又在骊山上修女娲祠纪念。

老君殿始建于唐代，老君即老子。唐高宗李治因老君姓李，并且为道教始祖，认为和其同宗，更加敬之，被认作先人，上了封号。

相传唐玄宗游幸华清宫时，两次在此梦到老君降临阁内，因此称为"降圣阁"，又称"朝元阁"，殿内原供奉着白玉老君像，是唐代西域著名雕像家元迦儿的杰作。

三元洞北临华清池，上通老君殿，是由骊山西门登山的第一景点，也是一处自然奇观。

三元洞有几个清静幽雅的空洞，洞内奉祀着道教所尊的"天宫、地宫、水宫"三元，其最奇特之处是窑内有5个茶杯口粗细的天然通风圆洞，深不知底，昼夜生风，春夏风向外吹，秋冬风向里吹。

骊山晚照是"关中八景"之一，据说，每当雨过天晴，云开雾散，骊山似一匹青色的骏马，青翠欲滴，清晰可见，在夕阳下披上一层迷人的金色，更显得流光溢彩，妩媚动人。

石瓮谷是骊山东、西绣岭之间一处秀丽幽深的峡谷，山势险峻，沟大谷深。古语云"绿阁在西，红楼在东"。下有剑悬瀑布千尺，水声淙淙，击石飞溅，天长日久冲蚀所就，其形似瓮，故称"石瓮谷"。

谷长深邃，上下曲折，幽谷奇景乃骊山奇险迷人之处。据说为八仙上天入地之通道，称登天道，有一天门、二天门和三天门。石瓮谷

■ 骊山晚照石刻

东边建有石瓮寺。

遇仙桥位于骊山东、西绣岭之间的石瓮谷中，这是一座单孔石拱桥。相传明朝一书生赴京赶考，行至此谷感其风景优美，宿于石瓮寺观景。

第二天在此桥上遇到了前往蓬莱的八仙，求得指教，金榜题名，封为翰林，此桥由此得名。

据有关资料考证，遇仙桥是唐代所建，距今已上千年历史，依然坚固异常，站在桥上，仰望骊山，水幔悬挂，可观赏到石瓮寺、举火楼、鸡上架等景点。

长生殿也叫集灵台，在晚照亭东，是唐华清宫的主要建筑之一。本来是王公、大臣们去朝元阁朝拜前，斋戒和沐浴的地方，后来成为唐明皇与杨贵妃休闲避暑之地。它的驰名也在于《长恨歌》中记述了唐明皇和杨贵妃那段爱情故事。

阅读链接

相传在很早的时候，天的一角塌了下来，当时神通广大的女神骊山老母便不顾一切离开天宫来到了人间，她想出了个炼石补天的办法。

她的两个女儿也骑着飞马一同帮母亲炼石补天，可是天地间仍有一些缝隙。这时候大女儿一急之下，就把身子躺了下去，化成一条长堤，才挡住了洪水。

飞马看见姐姐躺了下去，自己也一直躺在这里不走了，天长日久，就化成一座大山。这匹飞马长得特别俊秀美丽，后来人们都亲昵地把这座山叫作"骊山"。

我国北方虽然地处内陆，气候干燥，但这里的山水钟灵毓秀，这里的山寨幽静古老，这里的山林葱翠浓郁，这里的池塘波光粼粼，这里的岚霭悠悠萦绕在山间，这里的古老建筑和民俗风情，一切都在淳朴自然的生态环境中灵动着。

其中著名的自然风景名胜区有西柏坡天桂山、秦皇岛北戴河和历史文化悠久、人文景观丰富的医巫闾山等处，内涵丰富。

北方自然名胜

名山秀水

北方桂林——天桂山

　　西柏坡天桂山风景名胜区位于河北省西部太行山东麓的平山县境内，由西柏坡、天桂山、驼梁、温泉度假村和中山古城组成。

　　西柏坡天桂山属暖温带半湿润大陆性季风气候，四季分明，光照充足，是观光度假的理想之地。景区向东向西，高低悬殊，景色各

■ 天桂山正门牌坊

异。春日杜鹃映冰，夏季漫山碧透，秋来层林尽染，冬至冰雕玉砌。据史书记载，西柏坡原名"柏卜"，始建于唐代，因村后坡岭上翠柏苍郁而得名。

1935年，该村一位教书先生将"卜"改为"坡"，又因与"东柏卜"村相对而居，遂改名为"西柏坡村"。

西柏坡，这个冀西山区滹沱河北岸的小山村，不仅风光秀丽，而且水土肥美。小山村位于平山县中部，正处于华北平原和太行山交汇处，在一片向阳的马蹄状山坳里，西柏坡三面环山，一面环水，西扼太行山，东临冀中平原。

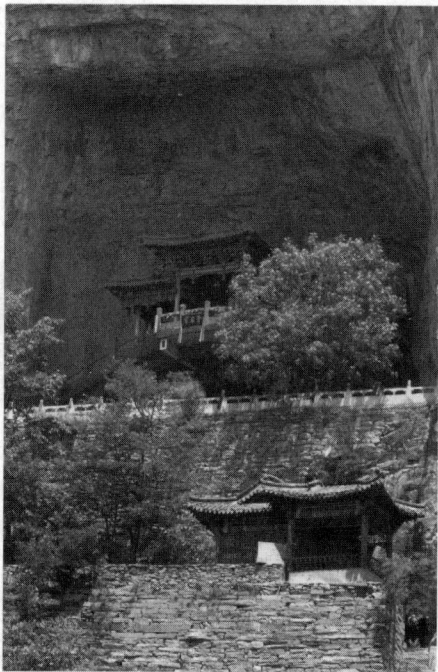
■ 天桂山绝壁上的寺院

这里交通方便，易守难攻，既适宜危急时刻向山里撤退，顺利时又便于向城市进军。西柏坡村一带村庄稠密，且沿滹沱河分布，依山傍水滩地肥美，地宽粮丰，稻麦两熟。

天桂山有青龙观道院、玄武峰、万佛岩、翠屏山、银河洞、天桥山等景区。景区内重峦叠嶂，绝壁千仞，在三栈的山坳中，坐落着主景区青龙观，上依危峰，下归绝壁，左有青龙峰，右有白虎垴，恰似一把太师椅。

青龙观是一座政教合一的皇家道教建筑，原是明朝崇祯皇帝的行宫。在纯自然景观中增添了一组富有

崇祯（1611—1644），朱由检，明朝第十六位皇帝，年号崇祯。明光宗第五子，明熹宗异母弟，母为淑女刘氏。即位后大力铲除阉党，是位年轻有为的皇帝。1644年，李自成军攻破北京后，他于煤山自缢身亡，为江山社稷而死，终年35岁，在位17年。

天桂山上的青龙观

皇家园林气派和道家宫观风采的建筑群体，因为湖北的武当山是我国著名的道教圣地，随之又有"北武当"的美誉。

清初，青龙观屡有增设和修葺，拥有大小建筑12处之多。其中真武殿、苍岩殿和大光明殿共为青龙观的三大建筑。在这座集皇家园林、道教宫观和大自然秀丽景观于一体的风景名胜区内，青龙观的庞大建筑群，依山就势，随崖而建，真可谓陡崖镶金，绝壁嵌珠，巧夺天工。

在丛林掩映下，一组组建筑时藏时露，错落有致。在这里，不仅可以领略奇峰林立，雾锁云封，花繁林密，泉鸣瀑溅的自然景观，而且可以陶醉在红墙绿瓦，翘角飞檐，风拂铜铃，空谷梵音的氤氲气氛中，自有一番超凡脱俗的情趣。

天桂山的主峰望海峰海拔1000多米，山脉呈东西向。其山脚下是滹沱河上游。望海峰是天桂山东峰一脉，这里终年云雾缭绕，时而山顶"戴帽"，时而云径流山腰，支海波涛，变幻无穷。在望海峰远眺，可见千峰竞秀，万壑争流，峰峦尽染霞光，景色蔚然壮丽。

玄武峰景区位于青龙观山顶，由天梯、天桂石林、灵霄胜境3部分组成。宽仅尺余的天梯斜嵌在断崖间，险峻陡峭，高插云天，有一步登天之感。

天桂石林位于主峰顶部，境内山径曲幽，步换景移，古木参天，静野瑰丽，怪石竞秀，似柱似塔，如禽如兽。苍龙伏地、群象演阵和金龟望月等景象形象逼真。石林、云屏、瑶台、傲骨、真假山等造型奇特，千姿百态。

银河洞因洞内罕见的系列圆穹景观极似群星灿烂，故名银河洞。洞厅相连，洞下有洞，恢宏瑰奇。洞中"玉猫"乃稀世奇景，为一天然巨型汉白玉嵌入泥质灰岩中，在我国绝无仅有。该洞冬暖夏凉，享有天然"空调洞府"美誉。

景区内的大天桥为天然大型石拱桥，飞架于两座海拔千米的高峰之间，气势恢宏，可与张家界天桥并雄南北。伫立桥上，下临万丈深渊，云托桥，桥载云，云烟翻滚，令人惊心动魄。

天桂山是典型的岩溶地貌，融山泉林洞于一体，集雄险奇于一身，颇具广西桂林山势之特点，这里四季如春，故有"北方桂林"之称。

驼梁位于河北省平山县西北端冀晋两省交界处，与佛教圣地五台山遥遥相望，因山顶恰似驼峰而得名。

驼梁主峰层峦叠翠，林海滔滔，幽峡如画，瀑布成群，云海频出，气候宜人，万千景色处处引人入胜。

驼梁从山谷到顶峰不但分布着白桦、松柏枫树、山杨等树种及灌木草本植物，而且到处可见野玫瑰、丁香、菊花、金莲花、杜鹃花、毛金花和山丹丹等奇花异卉及黑木耳、野黄花、蘑菇和地皮等山珍野味，还可采到无数种名贵中药材。

五月暮春，驼梁杜鹃花披红挂绿；七月盛夏，百花盛开，争芳斗

■天桂山主峰

刘彻（前156—前87）即汉武帝，汉朝的第七位皇帝，政治家、战略家。7岁时被册立为皇太子，16岁登基，在位54年，开疆拓土，奠定了中华疆域版图。汉武帝开创了西汉王朝最鼎盛繁荣的时期。他的雄才大略、文治武功，使汉朝成为当时世界上最强大的国家，他也因此成为我国历史上伟大的皇帝之一。

艳，山顶"五月草甸"之美景令人赞叹。南驼夏季云腾雾绕，山峰在云海中出没；秋季满山红叶，五色缤纷，身临其境，犹如画中；冬季飞雪，冰川晶莹，银枝素花，可谓壮观。

景区内飞禽鸣叫，野兽出没，溪水长流，瀑布成趣。驼梁更以凉爽的气候而著称，夏季平均气温只有19摄氏度。夏日的驼梁绿茸茸，水淋淋，仿佛刚从水中捞出，山含岚气，云带雨露。

驼梁的冰泉、龙泉、马趵泉等数十个清泉，宛若串串明珠撒落峡中，晶莹清澈，涸旱不竭。三叠瀑、白龙瀑、人字瀑、五指瀑等近百处瀑布，飘舞在葱茏幽深的长峡中，飞珠溅玉，寒烟凝翠。

驼梁峰巅的空中草原、花海，更是大自然的神奇杰作。山顶，宽坦如砥，草茵幽幽，隐于蓝天白云和松林绿波之间。

温泉度假村以得天独厚的优质天然温泉而著名，

■ 天桂山崇祯行宫

自汉武帝刘彻在此发展温泉沐浴疗疾至今已有2000多年的历史。

温泉度假区内的温泉属全国重点地热矿泉之一，泉水出水温度常年保持在69摄氏度，具有可调节血管系统和神经系统功能，起到降压、镇静等作用，对各种皮肤病有神奇功效。

中山古城遗址位于河北省平山县三汲乡，中山古城是战国时期中山国的都城，系全国重点文物保护单位，有城址、陵区等多处景点。

■ 天桂山瀑布

古城址平面呈不规则的长方凸角形，城垣依河沟地形修筑，利用河沟作城壕。城内中部筑一道南北向夯土隔墙，将城邑分为东城和西城。城垣现已大部无存，地下城墙基部尚能连贯。

北墙、西墙和南墙上有4处凸出城垣的建筑基址，其位置均与护城有关，可能是防御设施。北墙中部和西墙中部各发现城阙一处。西城内发现一条贯穿东西的干道，东接建筑遗迹区，西经西门至城外。

东城的东部发现大型建筑群两处，与三号大型建筑群相距约1500米，南北遥遥相对，大致在一条中轴线上。遗址以夯筑高台为中心，两侧有大面积的夯土基址，基址上面有圆形柱基，外有夯土墙基。

东城西部中区发现大面积的手工业作坊遗址，

中山国 前身为北方狄族鲜虞部落，部落里都是姬姓。国土嵌在燕赵之间。经历了戎狄、鲜虞和中山三个发展阶段，在每个阶段都被中原诸国视为华夏的心腹大患，经历了邢侯搏戎，晋侯抗鲜虞的事件。后来，晋国魏文侯派大将乐羊、吴起统帅军队，经过3年苦战，于前407年占领。

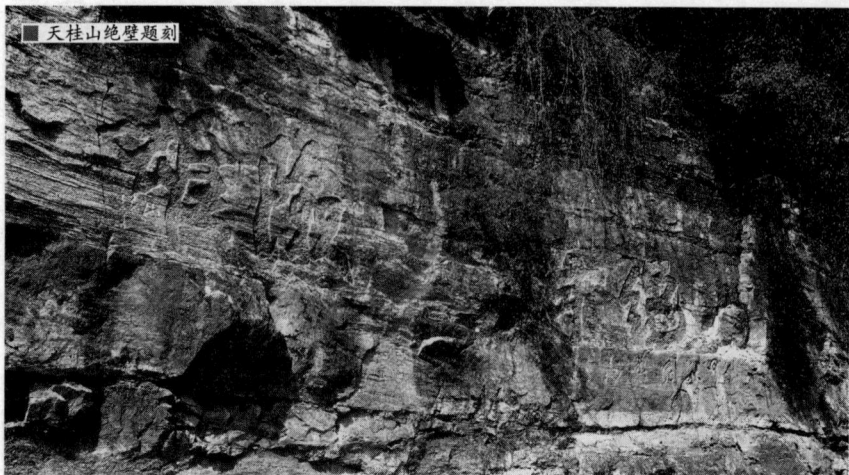
■ 天桂山绝壁题刻

经局部发掘，基本上可分为3片手工作坊区。北部为烧制陶器的作坊区,南部为铸铜、铁器作坊遗址，东南部为制骨器、玉器和石器的作坊遗址。

烧制陶器作坊区内，东部以制陶为中心，西部为烧陶窑区；铸铜、铁器作坊遗址内，北部为铸铜器区，西城的北部为王陵区；南部为大面积的居住区，遗址内灰坑密集；东部为密集的建筑遗迹区。

阅读链接

从前，在天桂山后山的蒿田村，有一姓马的妇人，每天早晨从山下挑一担水，卖到山上的奶奶庙。每次挑水时都要在一棵槐树下歇息并给老槐树浇水。

有一年夏天，马妇人挑水到槐树底下时昏倒在地，这时，槐树根部突然冒出一股泉水，老妇人上前喝了一口，一下子好了许多。从此，槐泉也因此出了名。

著名诗人刘章游览此地，听了槐泉的故事之后，当场赋诗一首："老妪浇槐不计年，黄花绿叶点青山。有情草木良心在，滴水之恩报涌泉。"

滨海胜地——北戴河

　　北戴河海滨地处河北省秦皇岛市的西部，由于受海洋气候的影响，夏无酷暑，冬无严寒，常年保持一级大气质量，没有污染，没有噪声，城市森林覆盖率50％以上。

■北戴河美景

北戴河海滨避暑区，西起戴河口，东至鹰角亭。这里气候宜人，曲折平坦的沙质海滩，沙软潮平，背靠树木葱郁的联峰山，自然环境优美。

徜徉于北戴河区和野生动物园之间，在海水、沙滩、树木和动物相伴下，你会欣赏到大自然无与伦比的美。

秦皇岛的海岸线长，滩涂缓和，海产品丰富，非常适合海上垂钓。海港区东山码头、北戴河码头、南戴河仙螺岛、昌黎翡翠岛等都可以海上垂钓。

北戴河海滩背靠联峰山，联峰山分东西两峰，山上山下松柏成林，郁郁葱葱。东联峰山从山间小路可行至山顶望海亭。在这里俯瞰海滨，翠绿欲滴的丛林，鹅黄色绒毯般的沙滩，碧蓝的大海，使人心旷神怡。

北戴河是神州九大观日处之一。北戴河观日处位于北戴河海滨，东北端的鹰角石为最佳地点。这是一座屹立于海边的孤峰，石骨嶙峋，陡峭如削，形如鹰立，故名"鹰角石"。过去，曾有成群野鸽栖息在石缝之内，故又名"鸽子窝"。

在山峰上建有鹰角亭，登临其上，俯望沧海，碧波万顷，白浪滔

北戴河鸽子窝

■北戴河奇石

滔，更觉气势磅礴。

在海岸线上，沙滩和礁石，相互交错，海湾和岬角，依次排开。沙滩松软洁净，堪称北方第一。礁石造型奇特，引人无限遐思。海湾浅浅碧水，浴场沙软潮平。岬角拔地而起，观鸟观海观日出，此处最富吸引力。

天下的山有的以高大雄伟而闻名，有的以挺拔险峻而著称，而北戴河的联峰山却不同，人们在温柔舒缓、平步青云中不知不觉就能到达山顶，眺望方圆百里山峦大海的旖旎风光。

联峰山公园是一个有着近百年历史的森林公园，奇石异洞、翠柏青松、亭台阁榭、鸟语花香，把山装点成为一个有着鲜明个性的绿色世界，一幅气象万千的绚丽图画。

联峰山公园又称莲蓬山公园，是北戴河区海滨一座小型森林公园，原有的地形地貌和植被保存完好，山林自然特点突出。公园内有3座松林覆盖的山峰，因山势连缀，固有联峰之称，山势远视又似莲蓬，也称为莲蓬山。

■ 联峰山望海亭

联峰山山顶建有望海亭。登亭远眺，北戴河区海滨的秀丽风光尽收眼底。主峰北面是青龙山，主峰东北是鸡冠山，山上建有观景凉亭。

联峰山南麓有蜿蜒曲折、顺势而上的水泥台阶，北麓有用花岗石板铺成的台阶直通山顶。

公园内有观音寺、钟亭、朱家坟、桃园洞、三眼井、莲花石、翁石、避雨石、对语石和卧石等名胜古迹。莲花石旁有石碑，碑的正面是徐世昌的题诗《题莲花石》，碑的背面有碑文记载1919年公益会在此建莲花石公园的始末。

联峰山公园原为开放式，先后建起南北大门，南门仿牌楼式建筑，形体高大，色彩华美，古朴典雅；北大门采用大理石贴面，气势雄伟壮观。

碧螺塔位于北戴河海滨小东山，这里三面环海，风光绚丽。碧螺塔为公园的主景建筑，它是世界独一无二的仿海螺形螺旋观光塔，造型新颖别致，引人入胜，塔分7层，旋转式楼梯。

碧螺塔由下而上分为海、陆、天构思装饰，各种海藻、珊瑚、鱼类、动物、云彩、彩霞、鸟类飞禽等图案五光十色，珠光宝气，妙趣横生。

塔内装修大型壁画10余幅，装有大型木雕"碧螺仙子"和"海蛙姑娘"，刀工精细，古朴典雅，还有大型落地屏风"柳毅传书"和"神女"条屏等。

碧螺塔为海滨东山地区的最高点，登塔远眺，一望无际，茫茫大海尽收眼底，使人心旷神怡。

碧海、金沙、碣石，吸引着无数人到此消夏。

老虎石如镶嵌在渤海之滨的一颗明珠，绚丽多姿，闪烁着诱人的光辉。老虎石在中海滩东面的沙滩上，由几块形态不一的礁石组成。礁石呈暗红色，散卧在海岸边，状似群虎，故而得名。

在北戴河区海滨金山嘴路东横山上，有一处规模宏大的建筑群，专家考证认定这是秦始皇行宫遗址。遗址东面是一组大型四合型建筑群的一部分，坐北朝南。

秦始皇行宫遗址出土文物丰富，有菱纹、饕餮纹、卷云纹、双云纹等瓦当、菱纹格空心砖、麻面大板瓦、陶井、陶

柳毅传书 唐代传奇小说，作者李朝威，中唐时人。写洞庭龙女远嫁泾川，受其夫君与公婆虐待，幸遇书生柳毅为传家书至洞庭龙宫，得其叔父钱塘君营救，钱塘君即令柳毅与龙女成婚。柳毅因不满钱塘君蛮横，告辞而去。但龙女对柳毅已生爱慕之心，自誓不嫁他人，后两人终成眷属。

■ 老虎石海上公园

盆、陶文等，经鉴定为秦始皇父子东巡碣石时的行宫遗址。

东海滩浴场是北戴河最好的海滨浴场，这里四周风景好，海水质量好，北戴河少有的贝壳沙在这里也可以见到，贝壳沙由细细的小石头粒和贝壳碎片组成，晶莹剔透。

中海滩是北戴河海滨东路至剑秋路一带海滩，这一带依山邻海，位置适中，有宽阔的浅海和明净的沙滩。景区东起第七桥南路，西至平水桥，南抵渤海岸边，北达黑石路北。中海滩以老虎石景点为中心，北戴河20多处海水浴场大多设在这一带。

北戴河区濒临渤海湾，特产以海产品为主。螃蟹、干贝、海鲤鱼、梭鱼、墨斗鱼、带鱼、鱿鱼、海螺、毛蚶等贝壳类品种繁多，集渤海湾海味产品之精华。

螃蟹是海滨主要海产品，种类较多，尤以梭子蟹为佳，其特点是形体较大，身形扁长，为浅青色，当地又称其为"大海蟹"。

海参种类甚多，而北戴河的刺参品味尤佳。海参体近圆柱形，两端钝圆，腹面平坦并且管足密集，背面有突棘，多为灰黑色或黄褐色，肉质肥厚，鲜嫩可口。海参味道鲜美，食而不腻，是海中八珍之一。

北戴河秦王行宫

北戴河市区沿岸还是对虾洄游、繁衍、栖息的场所，因此具有得天独厚的捕捞和养殖条件。鲜活对虾体色青中衬碧，玲珑剔透。熟后通体橙红，如珊瑚雕就，观之色艳悦目，食之鲜美异常，为虾类上品。

扇贝因其壳形似扇得名，是名贵的海产双壳贝类。贝壳轻薄而坚硬，上有若干条放射筋络，呈红、黄、紫、白等鲜艳色彩，是贝雕工艺品的绝好原料。北戴河所产扇贝，主要为栉孔扇，其肉质细嫩，味道鲜美，营养丰富。

北戴河浪淘沙石刻

阅读链接

相传，四海龙王之子为争夺龙位互相残杀，玉皇大帝知道后命四海龙王诸子到天河来比赛。渤海龙王有意让自己的儿子小白龙继承王位，于是就把宫中宝贝击水玉带偷偷地交给了小白龙。

小白龙在比赛中因为救一位民女，没有获得王位，被安排在玉带冲击而成的玉带河里镇守，从此这里的人们过着安居乐业的生活。

因为玉带是白色的，有人把它叫作白带河。后来，又因"白"和"北"的字音相近，"带"和"戴"音相同，人们就把它叫作北戴河了。

溶洞奇观——石花洞

　　石花洞地处北京房山区西山深处南车营村，因洞体深奥神秘原称"潜真洞"，又因洞内生有绚丽多姿奇妙异常的各种各样石花又称"石花洞"。

■ 房山石花洞入口

■ 北京房山石花洞
湍流石

石花洞形成于7000万年前的造山运动。目前已发现此洞有7层，而且层层相连，洞洞相通。其规模与景观大于桂林的芦笛岩与七星岩，洞内钟乳石千姿百态，美不胜收，为北国极为罕见的地下溶洞奇观。

经中外洞穴专家考查，认为石花洞内的岩溶沉积物数量为我国之最，其美学价值和科研价值也可居世界洞穴前列，与闻名中外的桂林芦笛岩、福建玉华洞、杭州瑶琳洞并称我国四大岩溶洞穴。

石花洞洞体分为上下7层，目前仅对外开放1层至4层。4层洞壁被钟乳石类封闭，5层厅堂高大、洞壁松软，并且空气新鲜，7层则是一条地下暗河。

石花洞内的自然景观玲珑剔透、花彩多姿、类型繁多，有滴水、流水和停滞水沉积而成的高大洁白的石笋、石竹、石钟乳、石幔、石瀑布、边槽、石坝、石梯田等和渗透水、飞溅水、毛细水沉积形成的众多

玉华洞 是国家级风景名胜区。古洞总长5千米，有藏禾、雷公、果子、黄泥、溪源、白云6个支洞。它形成于2.7亿年前，由海底沉积的石灰熔岩经过3次地壳运动的抬升和亿万年流水的冲刷、溶蚀、切割而成，属典型的喀斯特地貌景观，正处于发育生长期，是一处胜景天成、自然幻化的人间仙境。

石笋 指在溶洞中直立在洞底的尖锥体。饱含着碳酸钙的水通过洞顶的裂隙或从钟乳石上滴至洞底。一方面由于水分蒸发；另一方面，由于在洞穴里有时温度较高，水溶解二氧化碳的量减小，所以，钙质析出，沉积在洞底。日积月累就会自下向上生长的是石笋，从上往下生长的是石钟乳。

石花、石枝、卷曲石、晶花、石毛、石菊、石珍珠、石葡萄等。

还有许多自然形成的造型，如海龟护宝等。并有晶莹的鹅管、珍珠宝塔、采光壁等，众多的五彩石旗和美丽的石盾为我国洞穴沉积物的典型，大量月奶石莲花在我国洞穴中首次发现。

石花洞各个景区遥相呼应，互为映衬。"瑶池石莲"已有32000余年的历史；"龙宫竖琴"堪称国内洞穴第一幔；"银旗幔卷""洞天三柱"等12个大洞穴奇观无不令人赞叹叫绝。

岩溶洞穴资源以独特的典型性、多样性、自然性、完整性和稀有性享誉国内外。丰富的地质资源，显示了石花洞在地质科学研究、地质科普教学和旅游观赏中的价值。

■ 房山石花洞

石花洞中洞穴沉积物记录了地球的演化历程和沉积环境的变化，是一处研究古地质环境变化的重要信息库。

石花洞石笋见证了北京2600多年夏季气候变迁。大约在四亿年前，北京地区曾是一片汪洋大海，海底沉积了大量的碳酸盐类物质。由于地壳运动，几经沧桑变迁，海底上升为陆地。

大约在7000万年前，华北发生了造山运动，北京西山就此形成。而后碳酸盐逐渐被溶蚀成许多岩溶洞穴，石花洞就是其中之一。

石花洞发育在奥陶纪地质年代的奥陶系马家沟组石灰岩中，随着地壳运动的多次抬升与相对稳定之过程，使之发育为多层多支溶洞。

1446年4月，僧人圆广云游时发现，命名"潜真洞"，并在洞口对面的石崖上镌刻"地藏十王"像。

后来，僧人圆广又命石匠雕刻十王教主"地藏王菩萨"佛像，安座第一洞室，则又称为"十佛洞"。因洞内石花集锦，千姿百态，玲珑剔透，现称"石花洞"。

石花洞中最著名的云水洞位于距北京西南的上方山上，洞中有山

房山石花洞景观

峰12座，"中天之柱"是其中的最高峰，也称"摘星坨"。

云水洞是上方山最著名的景观，素有"幽燕奥室"之称。云水洞有6个洞室，第二厅中竖立的一根石笋，高达38米，居亚洲第一，世界第三，被誉为"擎天柱"。

骆驼峰由山峰自然形成，宛若一匹巨驼，四蹄没于苍林翠壑，双驼摩云，仿佛神物，观看驼峰每每令人感叹大自然造化的神奇。

云梯始建于金代，曾在明永乐、弘治、万历年间三次重修。云梯依壁随岩，阶阶而上，共有262级。踏级而升，仿佛直入云霄，故得名"云梯"。云水洞是我国北方最大的溶洞，为京郊著名山水佛教游览胜地。

阅读链接

形成我国北方岩溶的地层主要为奥陶系马家沟组石灰岩和中元古界蓟县系雾迷山组硅质条带白云岩。

上新世石林与第四纪岩溶陡壁组合成的房山地貌主要形成于雾迷山组中，岩溶洞穴发育在马家沟组和雾迷山组中。大石河南岸从上游至下游依次分布鸡毛洞、银狐洞、石花洞、清风洞和孔水洞，由一条地下暗河连为一体，称为石花洞系。

石花洞系发育在北岭向斜东北扬起端的马家沟组顶部，与南面的周口店猿人洞系隔着房山闪长岩体。石花洞系中8层不同海拔高度的溶洞可以和永定河的8级阶地进行对比，也可以和8个华北地文期对比，代表了与之相互对应的北京西山新构造隆升的期次。

中华北镇——闾山

医巫闾山，今称闾山，地处今辽宁省锦州市境内。医巫闾山历史悠久，由华夏几千年的文明积淀而成。相传舜时把全国分为12个州，每州各封一座山作为一州之镇，闾山被封为北方幽州的镇山。周时封闾山为五岳五镇之一。

自隋开始，此山便成为"北镇"的"五大镇山"，从而声名鹊起。

元、明、清帝王登基时都照例到山下北镇庙遥祭此山，故其声名日隆，一跃而为东北名山之首。它以悠久、博深的历史文化和秀丽、奇特的自然风光而享誉国内外。

■ 医巫闾山

据史料记载，隋文帝杨坚在位时，下诏书修建医巫闾山神祠北镇庙，至隋炀帝杨广时期，3次亲自到父亲下诏书修建的北镇庙祭祀医巫闾山神。

唐高祖李渊受命在怀远镇负责督运粮草，亲自到姨夫隋文帝所下令建造的北镇庙祭祀医巫闾山。唐太宗李世民继帝位后，也亲自到北镇庙拜祭医巫闾山。

医巫闾山，大自然的神奇造化，姿态万千，像一幅恢宏博大的泼墨画卷，给人以美的享受和无尽的遐想。目不暇接的奇峰怪石，千姿百态的苍松翠柏，水丝如帘的"石棚飞瀑"，梨花巧构的"香雪海"，真可谓人间仙境，壮美瑰丽。

医巫闾山分北部、中部、南部、东部4个主要景区。主要景点有大石棚、圣水盆、观音阁、白云观、辽代萧太后蜡像馆、元代宰相耶律楚材读书堂、玉泉寺、药王庙、长城、北镇庙、圣水桥、鱼池、观音阁、四角亭、旷观亭、蓬莱仙境、莲花石、望海寺、万年松、名山、老爷阁、风井、桃花洞、白云关和游目天表等。

除北镇庙在山下外，其余景点全在山上，而且集中在观音阁一带，彼此相距较近。

医巫闾山分为前山后山，前山的山神庙，圆通殿及蜡像馆等景点主要讲述汉朝孝文皇

■ 北镇庙石碑

■ 闾山北镇庙

后及清朝皇上和慈禧太后的故事。大石棚到玉泉寺、玉皇亭、玉泉湖和药师殿，美丽景色连成一片，远眺峰峦翠色，近睹千丈危岩，景色秀丽，姿态万千。

后山山上名胜古迹众多，从辽、金开始，历代在此都有所营建。辽代有望海堂，金代有悬岩寺、胜鉴亭，明清两代有玉泉寺、清安寺、灵山寺、云岩寺、具瞻亭、览秀亭、会仙亭等。

望海堂建在医巫闾山的主峰望海山上，据文献记载，这里是辽太祖长子、东丹王耶律倍的读书处。据说天气晴朗的时候，从这里可以望到渤海。

望海山下东边的山谷里，有辽代东丹王耶律倍的显陵和景宗耶律贤的乾陵。观音阁在望海峰的南面，明时称清安寺，清初改称现名，有前殿、正殿和东西配殿。山谷周围奇峰怪石林立，苍松翠柏秀美。

阁中保存着清乾隆皇帝题的"圣水盆"3字刻石及他题咏观阁的石刻两方。由观音阁进山后，沿石路

孝文皇后（前205—前135），西汉窦太后，传说名为窦漪房，是西汉时期的一位美人。西汉时期汉文帝刘恒的皇后，汉景帝刘启的母亲。其出身贫寒，后被选入宫中，吕后将一些宫女分给诸侯王时，窦氏被分给了汉文帝。由民女到宫女，最后成为辅佐文景武三位帝王治理大汉江山的杰出女性。

圣水盆 原为金代雕琢，清乾隆皇帝到闾山巡游览胜时见这一不寻常景致封之为圣水盆，并由梦而感写下一首七言绝句："垂崖迸水落丝丝，冬不凝冰事匪奇，应为仙家修养法，将临玉女洗头时。"后丢失，现在看到的圣水盆是用花岗岩雕制而成。

向上，岩间题铭逐渐增多。据说乾隆皇帝曾钦定"闾山八景"：道隐谷、圣水盆、桃花洞、吕公岩、望海寺、旷观亭、万年松和蝌蚪碑等都在这一带。

道隐谷俗称大石棚，在观音阁的西侧，是从石壁中斜出的一块屋檐形的巨石，构成一个天然石窟，里面可容纳数百人。

它的顶部有一股清泉垂落，它侧面的山岩上刻有唐代诗人王维的名句："明月松间照，清泉石上流"。石棚的下面便是莲花状的"圣水盆"，承接着棚顶落下的泉涌，叮咚有声。

望海寺在观音阁后耸立的山崖上，其峰顶系由几块巨大的花岗岩天然垒成，下有天然石穴。拾级而上，可登临绝顶，南望渤海，水天一色。

传说张三丰少年时期，曾在医巫闾山朝阳宫出

■ 闾山北镇庙

■北镇庙内的石狮子

家，曾于医巫间山修道3年，后上武当山创立三丰自然一派，以其一生积累弘法授徒，振兴道教，名扬四海。著有《张三丰先生全集》《太极道决》等书。其传人中，邱云清、张云清，为三丰自然派一代名师。

医巫间山峰峦奇秀，名胜众多，以其气势不凡的雄峰奇石称誉海内外，名冠东三省。

医巫间山古建筑大多始建于辽、金，重修于清，其中，以坐落在山脚下的山神庙即北镇庙最享盛名。山门、神马门、钟鼓楼、大殿、御香殿、内香殿、更衣殿和寝殿等建筑，皆依坡势排列，上下相形，参差错落，十分壮观。

大殿为主体建筑，内供医巫间山山神。元、明、清帝王登基时，即于此殿举行仪式，以遥祭此山山神，托其庇佑国祚连绵。殿屋顶覆以绿琉璃瓦，殿梁枋饰以彩绘，殿内壁绘以星宿像，显得既富丽堂皇，又庄严肃穆。

北镇庙内碑刻甚多，上面镌刻着历代帝王的题咏或重修庙宇的记事

■ 闾山赑屃座石碑

等。这些碑刻，是研究北镇庙沿革的重要文物，具有很高的史料价值。

医巫闾山山形奇特，回环掩抱，竟有六重之多。山上，古木苍苍，鸟鸣啾啾，令人赏心悦目；碑碣、摩崖题刻随处可见，又能令人一发思古之幽情。

阅读链接

很久以前，镇海龙王"医巫闾"贪酒好色，常发大水冲毁村庄，抢走美女，寻欢取乐。海边村子里有个叫广宁的小伙子一心想为民除害。

一天，他在海上打鱼时发现恶龙，他就用渔网勾住恶龙的牙齿。恶龙却张开龙爪抓住了广宁，并把广宁打进水牢里。东海龙王的女儿玉静公主听说此事后，就把藏在东海珍宝楼里的斩龙剑取出，趁恶龙醉酒之机逃出龙宫，把剑交给广宁。

广宁挥剑上前，砍下了恶龙的脑袋。为纪念斩龙英雄，人们把建起的城称广宁城，城西的山称医巫闾山。